EDITORIAL

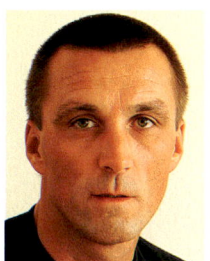

*Der gebürtige Österreicher **Hans Zaglitsch** ist als Reisefotograf in der ganzen Welt unterwegs. Seine Bilder sind in rund 40 Büchern erschienen.*

***Rolf Goetz** lebt als freier Journalist in Stuttgart und auf La Palma und hat etliche Reise- und Wanderbücher über die Kanaren verfasst.*

Liebe Leserinnen, liebe Leser!

„Allein das Klima der Inseln ist ein Luxus" hat der bekannte Architekt und Künstler César Manrique einmal behauptet. Ich kann ihm nur beipflichten. Ich kenne keine andere Region der Welt mit derart angenehmen Klimabedingungen wie sie auf den Kanaren herrschen. Ganz egal, ob Sie sich im Mai oder August oder im November zu einem Trip auf die Inseln entscheiden, immer können Sie davon ausgehen, dass zumindest tagsüber ein T-Shirt oder leichter Pulli das angesagte Kleidungsstück ist. Abends kann es in den Wintermonaten schon kühl werden, doch beträgt die Differenz zwischen dem wärmsten Monat (August) und dem kältesten (Januar) durchschnittlich nie mehr als sechs Grad Celsius. Bei rund 19 Grad Wassertemperatur ist das Baden im Meer selbst im Dezember und Januar nicht nur etwas für hartgesottene Naturen.

Sonne, Sand und mehr ...

Als wäre das nicht schon genug, punkten die Inseln mit einmaligen Naturlandschaften. Und was das Tollste ist, jede Kanareninsel ist anders, hat eigene ganz spezifische Highlights. So finden Wanderer und Biker auf La Palma oder La Gomera traumhafte Bedingungen, Surfer zieht es natürlich nach Fuerteventura, Taucher nach El Hierro, Sonnenanbeter fühlen sich in Gran Canarias Süden besonders wohl, Naturfans und Pflanzenliebhaber werden von Teneriffa begeistert sein und wer Natur am liebsten als Kunstwerk erlebt, ist auf Lanzarote am richtigen Ort. Angesichts der Vielseitigkeit der Inseln ist es mir ein Rätsel, warum nicht mehr Menschen in einem Urlaub gleich zwei, drei oder mehr Kanarische Inseln besuchen. „Inselhüpfen" ist eine schöne Möglichkeit, den Archipel zu erkunden – ganz egal, ob man dies bequem durchs Reisebüro organisieren lässt oder individuell mit Fähre, Mietwagen oder Flugzeug unterwegs ist.

Jede ist anders

Die besonders schönen Plätze der Vulkaninseln stellt dieser HB Bildatlas vor. Detailliertere Infos zu den westlichen Kanaren gibt der Ende 2008 neu erschienene Band Nr. 323 „Teneriffa, La Palma, La Gomera, El Hierro", den östlichen Inseln ist Band Nr. 176 (Gran Canaria, Lanzarote, Fuerteventura) gewidmet, und Band Nr. 245 beschäftigt sich mit Lanzarote. Ich wünsche Ihnen viel Freude beim Entdecken der „Inseln des Ewigen Frühlings"!
Herzlich Ihre

Birgit Borowski
Programmleiterin HB Verlag

Wanderfreuden
Seite 18–35

Der höchste Berg Spaniens bringt nicht nur den Körper zum Schwitzen. Auf dem Pico del Teide (3718 m) erlebt man auch einen grandiosen Blick auf Teneriffa.

Inselfeuer
Seite 92–103

Blütenzauber auf Gran Canaria
Seite 64–79

Schuld sind nicht die Guanchen. Erst die Spanier brachten die ersten Strelitzien auf die heutige Lieblingsinsel der Deutschen, die dem ganzen Archipel den Namen gab.

Seglerträume
Seite 80–91

„Vamos a la Playa!" rufen Windhungrige an den endlos erscheinenden Stränden von Fuerteventura. Das spektakuläre Strandrevier lockt Wind- und Kitesurfer genauso an wie Badehungrige und Strandläufer.

INHALT
4–5

IMPRESSIONEN 08–17

Ansichten von den Kanarischen Inseln: farbenfrohe Häuschen in Puerto de Mogán auf Gran Canaria, Fiesta auf La Palma, Kunstwerk Weinbau auf Lanzarote, Palmen allerorten auf La Gomera und unschlagbare Traumstrände auf Fuerteventura.

TENERIFFA 18–35

Kontinent im Kleinen
Majestätisch überragt der Pico del Teide die größte Kanareninsel. Da sich an seiner Nordabdachung die Passatwolken stauen, sorgt er dafür, dass der Inselnorden grün und fruchtbar ist, während sich der Süden kahl und karg präsentiert.
Inselkarte 30
Infos 31

LA PALMA 36–47

Grün wie die Hoffnung
Isla verde, Isla bonita! La Palma ist tatsächlich grüner als die Nachbarinseln. Und schön ist La Palma selbstverständlich auch.
Inselkarte 44
Infos 45

LA GOMERA 48–55

Die pfiffige Kolumbusinsel
La Gomera wartet mit Natur pur auf. Keine andere Kanareninsel zeigt sich auf engstem Raum so wild und zerklüftet. Wer vom einen zum anderen Ende will, ist gefordert, ganz egal ob er zu Fuß, mit dem Mountainbike oder im Wagen unterwegs ist.
Inselkarte 54
Infos 55

EL HIERRO 56–63

Ökoinsel mit herbem Charme
El Hierro ist das ökologische Wunderkind im Archipel. Den herben Charme der Vulkaninsel wissen bislang lediglich eine Hand voll Individualisten zu schätzen. Und das ist auch gut so!
Inselkarte 62
Infos 63

GRAN CANARIA 64–79

Lieblingsinsel der Deutschen
Rund 3,5 Millionen Gäste besuchen jedes Jahr Gran Canaria. Wer sich dem Rummel an der Küste entziehen will, muss nur einige Kilometer ins Inselinnere fahren.
Inselkarte 74
Infos 75

FUERTEVENTURA 80–91

Wind, Wellen und Wüste
Goldgelbe und endlos erscheinende Sandstrände katapultierten Fuerteventura in die erste Reihe der Sonnenziele.
Inselkarte 88
Infos 89

LANZAROTE 92–103

Geboren aus dem Feuer
Aus der Vogelschau offenbart sich Lanzarote: eine Vulkaninsel, wie sie bizarrer nicht sein könnte. Dramatisch schön breitet sich eine von rund 300 Vulkankegeln übersäte Mondlandschaft aus.
Inselkarte 100
Infos 101

SAVOIR VIVRE 104–111

Kanarische Inseln für Genießer
Warum ist die Banane krumm? Und wie dreht man Zigarren richtig? Auf den Kanarischen Inseln findet sich die Lösung.

ANHANG 112–118

Service – Daten und Fakten 112
Register 117
Impressum 117
Vorschau, lieferbare Ausgaben 118

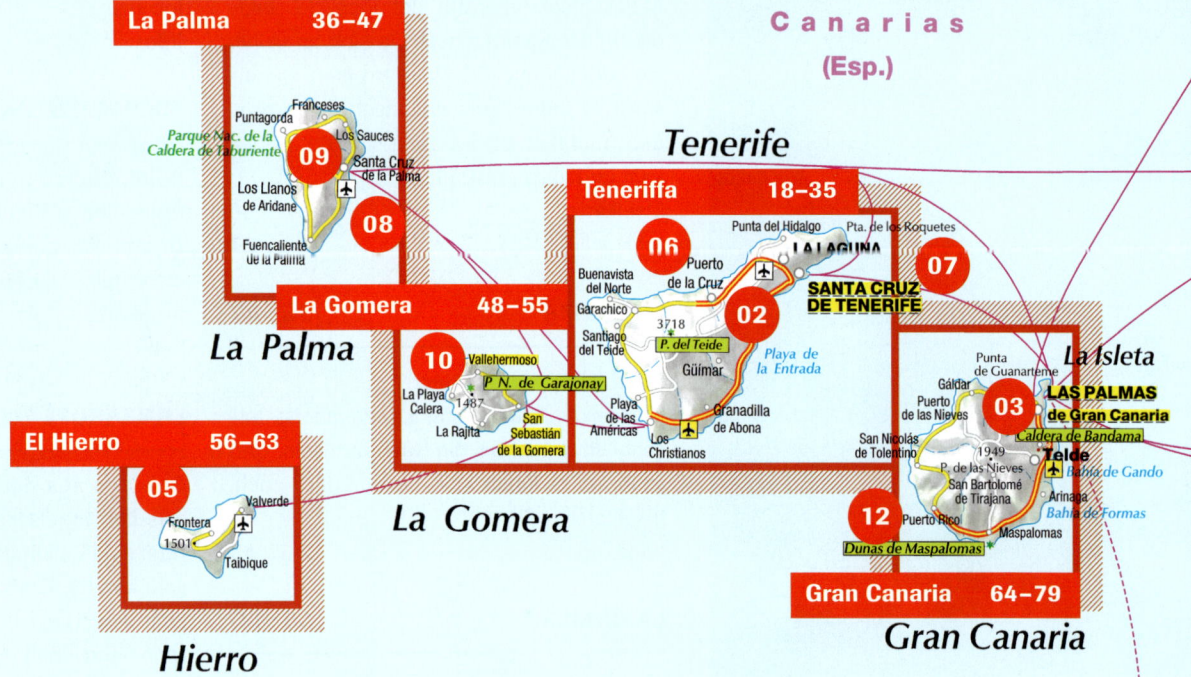

TOPZIELE

6–7

▶ DIE BESTEN TIPPS DER REDAKTION

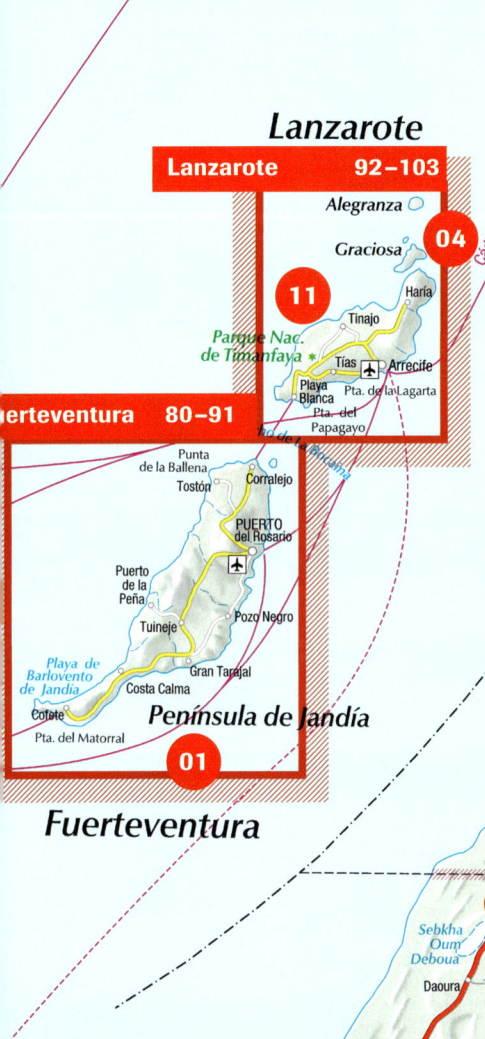

AKTIV

01 Der ultimative Superstrand 91
Das spektakulärste Strandrevier Fuerteventuras liegt auf der Halbinsel Jandía zwischen Costa Calma und Risco del Gato – die kilometerlange goldgelbe Sonnenküste ist für Badehungrige und Strandläufer genauso da wie für und Wind- und Kitesurfer.

ERLEBEN

02 Weltnaturerbe Pico del Teide 33
Nirgendwo in Spanien geht es höher hinauf als auf den 3718 m hohen Pico del Teide, mit der Seilbahn in nur acht Minuten.

03 Die Narren sind los 76
Las Palmas de Gran Canaria ist die Hochburg der kanarischen Narren. Geschlagene zwei Wochen wird in farbenprächtigen Kostümen gefeiert, was das Zeug hergibt. Und wie in Rio gehört eine gehörige Portion Samba und Salsa dazu.

04 Karibisches Flair in Lava 102
Mit sicherem Auge für das Außergewöhnliche verwandelte der Künstler César Manrique die Lavahöhlen Jameos del Agua im Norden von Lanzarote in eine ästhetische Erlebniswelt wie von einem anderen Stern.

05 Essen mit Aussicht 63
El Hierro bietet auf kleinstem Raum eine Fülle imposanter Aussichtsplätze. Hoch über dem weit geschwungenen Halbkrater El Golfo gestaltete César Manrique den Mirador de la Peña mit Panoramalokal.

KINDER

06 Ein Herz für Kinder 32
Mit den bunt gefiederten Gesellen fing alles an. Der Loro Parque auf Teneriffa ist mit spektakulären Delfin-, Orca- und Seelöwenshows ein Tierpark der Superlative. Als Zugabe gibt es eine überbordende subtropische Blütenpracht zu bewundern.

KULTUR

07 Kulturerbe der Menschheit 31
Teneriffas alte Hauptstadt La Laguna spiegelt mit seinen repräsentativen Adelspalästen und Klöstern ein getreues Abbild der kolonialen Epoche wider. Die beiden schönsten Straßenzüge wurden jüngst als Fußgängerzone ausgewiesen.

08 Altstadtflair am Meer 45
In der wochentags geschäftigen Kapitale Santa Cruz de la Palma konserviert sich in der herausgeputzten Altstadt das Flair von anno dazumal. Eine Augenweide sind die Balkonhäuser am Uferboulevard.

NATUR

09 Wanderparadies par excellence 46
Die Caldera de Taburiente im Zentrum von La Palma gilt als eines der größten Naturwunder der Kanaren. Von den Rändern des Kraters stürzen steile Hänge 1600 m tief in einen mit lichten Kiefernwäldern und von Wanderwegen durchzogenen Kessel.

10 Im Nebelwald wandeln 55
Im Hochland von La Gomera konnten sich Relikte eines immergrünen Bergwaldes erhalten, Leitpflanzen sind verschiedene Lorbeergewächse, Riesenfarne und Erdbeerbäume. Die als Nationalpark ausgewiesene Region ist Weltnaturerbe der UNESCO.

11 Mondlandschaft am Atlantik 102
Kein Baum, kein Strauch ziert die lebensfeindliche Vulkanlandschaft in den Feuerbergen – genau das macht den Nationalpark Timanfaya auf Lanzarote zu einer der faszinierendsten Naturräume der Kanaren.

12 Die Wüste vor der Haustür 77
25 m hohe Sandberge! In direkter Nachbarschaft zu einer der größten Ferienstädte der Kanaren laden die Dünen von Maspalomas zu Exkursionen in das unter Schutz gestellte Reservat ein.

FARBENFROH

Bunte Apartmenthäuschen umgeben den Fischer- und Jachthafen von Puerto de Mogán. Üppiger Blumenschmuck in den engen Gassen, venezianisch anmutende Brücken und viele Terrassenlokale machen den Ort zur hübschesten Ferienstadt Gran Canarias.

FIESTAS OHNE ENDE

Jeder Ort hat seine eigene Fiesta – ein Fest zu Ehren des Schutzheiligen. Die Feierlichkeiten beginnen meist mit einer Prozession, bei der das Bild des oder der Heiligen durch die geschmückten Straßen getragen wird. Auf La Palma ist das Fest der „Jungfrau vom Schnee", das am 5. August in Las Nieves begangen wird, einer der Höhepunkte im Jahr.

KUNSTWERK WEINBAU

Wohl kaum irgendwo sonst auf der Welt ist der Weinanbau so aufwendig wie auf Lanzarote. Für jedes Pflänzchen wird im Anbaugebiet von La Geria eine kleine Vertiefung gegraben, dunkle Mauern spenden zusätzlichen Windschutz. Für Feuchtigkeit sorgt nächtlicher Tau, den das poröse Vulkangestein speichert.

ÜBERALL PALMEN

Auf den Kanarischen Inseln gibt es nirgends so viele Palmenhaine wie auf La Gomera. Vor allem in den unteren Regionen des Nordens und Westens kommt „Phoenix canariensis" überall wild vor. Aber auch im Inselsüden – wie hier im Barranco de Benchijigua – ist die Kanarische Palme häufig anzutreffen.

SONNE, SAND UND MEER

Von Costa Calma (Fuerteventura) erstreckt sich nach Südwesten hin über viele Kilometer eine grandiose Strandlandschaft, die Playa de Sotavento. Nur in Ortsnähe werden Liegen und Sonnenschirme vermietet, ansonsten gibt es selbst in der Hauptsaison noch viel, viel Platz.

TENERIFFA

18–19

Kontinent im Kleinen

Majestätisch überragt der Pico del Teide die größte Kanareninsel. Der gewaltige Bergstock – mit 3718 m der höchste von ganz Spanien – ist zu einem guten Teil für das Klima Teneriffas verantwortlich. An seiner Nordabdachung stauen sich die feuchten Passatwolken und bescheren der Insel das kostbare Nass, das sie zum Überleben braucht. Ohne Teide und Passat wäre Teneriffa genauso trocken wie die auf dem gleichen Breitengrad liegende Sahara. Und als pittoresker Blickfang ist der „Fuji der Kanaren" ohnehin nicht wegzudenken.

Teneriffas Norden grünt und blüht. Auch der Drachenbaum (l.), das älteste Exemplar des Archipels, wächst inmitten eines Parks bei Icod de los Vinos.

TENERIFFA

20–21

„Als wir Teneriffa passierten, konnten wir gerade den Ausbruch des Vulkans beobachten. Der Rauch und die Flammen, die glühenden Lavamassen, das dumpfe Getöse, das aus dem Erdinneren kam, versetzte die Mannschaft in panischen Schrecken".

Christoph Kolumbus

Man muss kein Botaniker sein, um die außergewöhnliche Flora Teneriffas zu würdigen. In den verschiedenen Höhenzonen rund um den Teide konnten sich zahlreiche Pflanzenarten etablieren, die sich das jeweilige Mikroklima geschickt zunutze machen. Die höhenmäßig ausdifferenzierten Vegetationsstufen wurden erstmals von dem deutschen Naturforscher Alexander von Humboldt systematisiert. Angefangen von anspruchslosen Wolfsmilchgewächsen in der Küstenzone über Reste tertiärer Lorbeer- und Heidebuschwälder bis hin zur alpinen Hochgebirgsflora bietet Teneriffa auf relativ kleinem Raum eine außerordentliche Artenvielfalt. Erstaunlich ist dabei die hohe Zahl an Endemiten, also Pflanzen, die nur hier und sonst nirgendwo auf der Welt zu Hause sind. Zu den Stars gehört die Kanarische Glockenblume, die auf stillen Wanderwegen im Anagagebirge entdeckt werden kann. Im Tenomassiv ducken sich die tellerförmigen Blattrosetten des Aeonium dicht auf das felsige Terrain, in der gewaltigen Schlucht von Masca hat die Strauchflockenblume eine Nische gefunden. Das botanische Aushängeschild ist der Teide-Natternkopf, der im Frühsommer bis zu zwei Meter hohe und von tausenden winzigen Blüten besetzte Kerzen austreibt. Der Bergfrühling erreicht seinen Höhepunkt, wenn Ginsterbüsche die Cañadas in ein gelbes Blütenmeer verwandeln. Sozusagen eine Etage tiefer umschließt in Höhenlagen zwischen 1000 und 1500 m ein ausgedehnter Kieferngürtel den Teide. Die Kiefer spielt im Ökosystem der Insel eine wichtige Rolle. Sie ist als „Wolkenmelker" bekannt. An den feinen Nadeln kondensiert der Tau, tropft ab und trägt so entscheidend zum Wasserhaushalt bei.

Meeressäuger vor der Haustür

Teneriffa hat nicht nur zu Lande Außergewöhnliches zu bieten. In den Gewässern rund um die Insel, vor allem in der Meeresstraße zwischen der Südküste und La Gomera, tummeln sich mehr als 20 verschiedene Walarten. Die größte Kolonie stellen mit rund 700 Exemplaren die Grindwale. Sie sind mit den Delfinen eng verwandt und bringen es bis auf eine Länge von sechs Metern. Walbeobachtungen haben sich im Süden Teneriffas zu einem einträglichen Geschäft entwickelt. Bis zu 250 000 Besucher pro Jahr fühlen sich von Grind- und Pottwalen und den verspielten Großen Tümmlern angezogen. Von den Häfen Los Cristianos und Puerto Colón aus spüren täglich Boote, voll besetzt mit Touristen, die Tiere in ihrem natürlichen Umfeld auf. Nicht selten wird dabei allerdings der Schnappschuss einer

01 *Ein kurzer Rundweg erschließt die Roques de García*
02 *Wird bis zu zwei Meter hoch: Teide-Natternkopf*
03 *Beim Abstieg vom Teide*
04 *Paisaje Lunar, die Mondlandschaft*
05 *Blick auf Teide und Roques de García*

TENERIFFA

22–23

Walflosse mit dem Stress der Tiere erkauft. Wiederholt kam es zu folgenschweren Zusammenstößen zwischen Booten und Tieren. Mittlerweile werden die Whale-watching-Safaris von Patrouillenbooten der Guardia Civil überwacht. Ausflugsschiffe dürfen nicht näher als 60 m an die Tiere heranfahren. Die Boote müssen zudem mit einem Sonargerät ausgerüstet sein, das Wale nicht nur orten kann, sondern auch rechtzeitige Ausweichmanöver erlaubt. Damit auch in Zukunft ein respektvolles Miteinander zwischen Meeressäugern und Fototouristen möglich ist, wird von Meeresbiologen die Einrichtung eines Schutzreservats für die Wale und Delfine gefordert.

„Orotava war wunderschön – aber zwei Dinge störten mich. Nach einem herrlichen Morgen kamen Dunst und Nebel von den Bergen herunter, und den Rest des Tages war es grau und trübe. Manchmal regnete es sogar. Und das Baden im Meer war grässlich. Man lag bäuchlings auf einem abfallenden, vulkanischen Strand, krallte die Finger in das Gestein und ließ die Wellen über sich hinwegspülen."

Agatha Christie

Inselbarock und Putten

Das Schöne an Teneriffa ist seine Vielfältigkeit. Wer auf Zerstreuung aus ist, entspannt sich in attraktiven Wasser- und Freizeitparks oder taucht ins quirlige Nachtleben ein. Wanderer und Biker finden im Landesinneren verschwiegene Pfade und anspruchsvolle Offroad-Trails. Natürlich wird gesurft und gesegelt,

01 *Malerisch gelegen: Garachico*
02 *Casa de los Balcones in La Orotava*
03 *Steht unter dem Schutz der UNESCO: die Altstadt von La Laguna*

TENERIFFA

SPECIAL — Santa Cruz

Karneval auf Kanarisch

Es ist die größte Fiesta des Jahres: Modeschöpfer entwerfen schrille Kostüme, Choreographen bereiten minutiös einstudierte Tänze vor.

Absolute Karnevalshochburg auf Teneriffa ist die Hauptstadt Santa Cruz. Los geht es hier eine Woche vor Aschermittwoch mit der Wahl der Königin. Am Faschingsdienstag defiliert ein schier endloser Zug aus Festwagen und Tanzgruppen die Küstenstraße entlang. Origineller Höhepunkt ist die Beerdigung der Sardine am Aschermittwoch. Mit großem Pomp bewegt sich gegen Mitternacht ein Mitleid heischender Trauerzug hinter einer riesigen Sardine aus Pappmaschee zum Hafen hinab. Die meisten der teils verschleierten Klageweiber entpuppen sich bei näherem Hinsehen als verkleidete Männer. Selbst hochrangige Honoratioren schlüpfen in die Rolle des anderen Geschlechts und vergießen so manche Krokodilsträne. Am Meer angekommen, wird die Sardine schließlich ein Opfer der Flammen. Wer denkt, der Karneval sei damit zu Grabe getragen, wird schnell eines Besseren belehrt. Mit heißen Salsa- und Sambarhythmen geht die Megaparty bis in den frühen Morgen weiter.

aber auch Tauchen, Golfen und Gleitschirmfliegen stehen hoch im Kurs. Und wer von alledem nichts mag, liegt einfach nur faul am Pool in der Sonne – Teneriffa ist für alle Eventualitäten gerüstet. Kul-turbeflissene kommen in den vorbildlich restaurierten Altstadtvierteln von La Laguna und La Orotava auf ihre Kosten. Beide Städte sind für ihre im prächtigsten Inselbarock ausgestatteten Kirchen und Klöster bekannt. Einzigartig sind die im Mudéjarstil getäfelten Holzdecken der Kirchen. Hier zeigen sich deutlich maurische Einflüsse, wie sie für die Zeit nach der Rechristianisierung in ganz Spanien typisch wurden. Ausführende Handwerker waren vornehmlich vom Islam zum Christentum Konvertierte, die so genannten Mudéjaren.

Wie der Tourismus laufen lernte

Ein Blick auf die ausufernde Skyline der Feriensstädte an der Südküste zeigt unmissverständlich: Man lebt auf Teneriffa in erster Linie vom Geschäft mit den Fremden. Die Vorhut des Massenansturms bildeten betuchte englische Pensionäre, die dem mitteleuropäischen Winter ein Schnippchen schlagen wollten und schon vor gut hundert Jahren das milde und ausgeglichene Inselklima zu schätzen wussten. Nicht die wüstenhafte und damals noch völlig unerschlossene Südküste war das Ziel der ersten Gäste, sondern vielmehr das immergrüne Orotavatal im Norden. 1893 eröffnete in Puerto de la Cruz das Gran Hotel Taoro, ein gediegenes Kurhotel, das ganz auf den Geschmack der britischen Klientel ausgerichtet war. Die Küche servierte „English Breakfast" und „Plum Pudding", und auf dem Rasen des Hotelparks ließ sich vor dem Afternoon Tea eine Partie Kricket spielen.

Der Tourismus fordert Tribut

Teneriffa ist heute mit rund fünf Millionen Urlaubern im Jahr eine der beliebtesten Ferieninseln Europas. Die Briten sind zahlenmäßig immer noch die tonangebende Nation, doch Deutsche und Feriengäste aus Skandinavien haben kräftig aufgeholt und machen Teneriffa zu einer internationalen Feriendestination. Der Boom bescherte den Tinerfeños einen gehobenen Lebensstandard, höher als auf dem spanischen Festland. Doch die Beliebtheit hat ihren Preis: Die schönsten Strände sind mittlerweile zubetoniert, und auf den Autobahnen bricht in der Rushhour regelmäßig der Verkehr zusammen. Die für die Feriengäste bereit gehaltene Mietwagenkolonne spielt dabei eine nicht unerhebliche Rolle – jedes zehnte Fahrzeug auf den Straßen ist ein Leihwagen.

01 Plausch in der Inselmetropole
02 Die Basilika in Candelaria
03 Feuerwerk der Farben: Karneval
04 Wallfahrt in Candelaria
05 Bilderbuchstrand mit Palmen: Playa de las Teresitas

TENERIFFA

26–27

„Für eine Gruppe Pinguine werden auf Teneriffa antarktische Temperaturen simuliert."

Freizeitoase vom Allerfeinsten

Aller Anfang ist schwer! Als am 17. Dezember 1972 der Loro Parque am Stadtrand von Puerto de la Cruz auf einer Fläche von der Größe zweier Fußballfelder seine Pforten eröffnete, regnete es in Strömen. „Kein Mensch kam", erinnert sich der deutsche Unternehmer und Hotelier Wolfgang Kiessling, der den Freizeitpark auf Anraten seines Vaters gegründet hatte. Doch die nach amerikanischem Vorbild aufgezogene Show mit bunt schillernden Papageien aus aller Welt avancierte rasch zum Publikumsrenner. Seither ist aus dem Loro Parque ein Tierpark geworden, der in Europa seinesgleichen sucht. Mehr als 30 Millionen Besucher ließen sich von den Attraktionen auf dem mittlerweile auf 130 000 m² erweiterten Gelände bezaubern. Schritt für Schritt wurde der Tierbestand ergänzt. Zu den Attraktionen gehören eine Delfin- und Seelöwenshow, die Tigerinsel und die Alligatorenterrasse. Dicht umlagert sind auch die Gorilla- und Schimpansengehege. Im mit 15 000 Meerestieren bestückten Aquarium überrascht ein spektakulärer Haifischtunnel, bei dem die gefährlichen Räuber über den Köpfen der Besucher hinweggleiten. Für eine Gruppe Humboldtpinguine wird im aufwändig konzipierten Planet Pinguin das natürliche Habitat der Antarktis mit Temperaturen um den Gefrierpunkt simuliert. Seinen gefiederten Lieblingen der ersten Stunde ist Werner Kiessling treu geblieben. Die Papageienkollektion ist mittlerweile mit rund 300 Arten die größte der Welt. Eine angeschlossene Stiftung nimmt sich zudem bedrohter Arten an und unterstützt diverse Zuchtprogramme, um die aufgezogenen Tiere im brasilianischen Regenwald wieder auszuwildern. Im Süden Teneriffas öffnete 2008 unter Kiesslings Federführung mit dem Siam Park ein weiterer großer Themenpark und macht seitdem dem Loro Parque ein bisschen Konkurrenz.

01 *Costa de Martiánez: Strandpromenade*
02 *Den Delfinen ganz nah – im Loro Parque*
03 *Bananenstaude mit Blüte*
04 *Costa de Martiánez in Puerto de la Cruz*
05 *Bananenplantage bei Icod de los Vinos*

TENERIFFA

28–29

03

„Ich verlasse Teneriffa fast mit Tränen in den Augen. Am liebsten würde ich ständig hier leben".

Alexander von Humboldt

01 *Playa del Médano*
02 *Gran Hotel Bahía del Duque in Playa de las Américas*
03 *Blick auf den Hafen von Los Cristianos*

TENERIFFA

Kontinent im Kleinen

Der gewaltige Gebirgsstock des Teide, immergrüne Wälder im Anagagebirge, verträumte Bergnester im Norden und weite Sandstrände an der sonnigen Südküste machen Teneriffa zur vielseitigsten Kanareninsel. Sie ist zugleich die Größte, die Höchste und die Meistbesuchte der sieben Inseln. Der Norden wartet mit hübschen Landstädtchen auf, im Süden säumen riesige Hotelstädte mit einer perfekt ausgebauten touristischen Infrastruktur die Küste.

01 SANTA CRUZ

Die Inselmetropole und zweitgrößte Stadt (224 000 Einw.) des kanarischen Archipels ist zugleich das Verwaltungszentrum für die kleinen Nachbarn La Palma, La Gomera und El Hierro. Entsprechend lebhaft und geschäftig geht es auf den Plätzen und Boulevards zu – nicht selten drohen die Ausfallstraßen im Verkehrschaos zu ersticken. Relativ unberührt vom touristischen Trubel lässt sich dafür ein Stück typisch kanarische Lebensart entdecken.

SEHENSWERT Das Herz der Stadt schlägt an der **Plaza de España**, an der ein monumentales Denkmal in Form eines Kreuzes an die Opfer des Spanischen Bürgerkriegs erinnert. Nach Plänen des Schweizer Architekturbüros Herzog & de Meuron wurde der zentrale Platz der Hauptstädter komplett runderneuert. Ein besonderer Blickfang ist geplant: ein aus einem künstlichen See hoch schießender Geysir. Westlich schließt sich die **Plaza de la Candelaria** an. Den weitläufigen Platz schmückt ein Marmorobelisk, von dessen Spitze die Inselheilige Virgen de las Nieves in die Runde schaut. An der Nordseite des Platzes zieht der Palacio de los Carta die Aufmerksamkeit an. Das stattliche Herrenhaus aus dem 18. Jh. dient heute einer Bank als Repräsentanz. Südwestlich der Plaza de la Candelaria erreicht man die **Iglesia Nuestra Señora de la Concepción**. Der älteste und schönste Kirchenbau der Stadt beherbergt einen barocken Hochaltar des bekannten kanarischen Bildhauers Luján Pérez. Neueste architektonische Bereicherung der Inselmetropole ist das am Meer, am Südrand der Innenstadt, errichtete **Auditorium**. Der imposante Bau des spanischen Architekten Santiago Calatrava (2003) ist Sitz des Symphonieorchesters von Teneriffa und weiß auch durch eine vorzügliche Akustik zu überzeugen.

MUSEUM Das **Museo de la Naturaleza y el Hombre** (Calle Fuente Morales, Di.–So. 9.00 bis 19.00 Uhr) präsentiert auf drei Etagen mit zahlreichen audiovisuellen Hilfsmitteln die Entstehung der Kanaren und gibt einen Einblick in die verschiedenen Ökosysteme der Inseln. In der archäologischen Abteilung sind vor allem die Guanchenmumien interessant.

Bei der Romería tragen die Frauen ihre Tracht

AKTIVITÄTEN Das nach Plänen von César Manrique gestaltete Freizeitbad **Parque Marítimo** (tgl. 10.00–17.00, im Sommer bis 19.00 Uhr) ist für viele Hauptstädter und Feriengäste eine Alternative zum Strand.

EINKÄUFE Haupteinkaufsmeile der Stadt ist die **Calle de Castillo**, die an der Plaza de Candelaria ihren Anfang nimmt. Buntes Treiben herrscht im **Mercado de Nuestra Señora de África** (Mo.–Sa. 6.00–13.30 Uhr). Im Innenhof der Markthalle werden Gemüse, Früchte und Blumen von der Insel angeboten.

UMGEBUNG Knapp 10 km nordöstlich der Hauptstadt wartet mit der **Playa de las Teresitas** ein Bilderbuchstrand. Auf 700 m Länge wurde in den 1970er-Jahren goldgelber Sand aus der Sahara aufgeschüttet und großzügig mit Palmen bepflanzt. Wellenbrecher schützen vor der an der Ostküste mitunter ungestümen Brandung. Der nahe gelegene Fischerort **San Andrés** ist für seine guten Seafoodlokale bekannt. Über die Autobahn ist 12 km südwestlich von Santa Cruz schnell das Küstenstädtchen **Candelaria** erreicht. Direkt über dem Meer thront die Basílica de Nuestra Señora de Candelaria. Sie ist alljährlich im August Ziel einer großen Wallfahrt. Den Kirchplatz begrenzt eine Reihe überlebensgroßer Bronzeplastiken alter Guanchenhäuptlinge. Im Nachbarort **Güímar** rekonstruierte in dem Archäologischen Park Pirámides de Güímar (tgl. 9.30–18.00 Uhr) der norwegische Forscher Thor Heyerdahl mehrere den Ureinwohnern zugeschriebene Stufenpyramiden von bis zu 7 m Höhe.

INFORMATION
Oficina de Turismo, Plaza de España,
Tel. 922239592;
geöffnet: Mo.–Fr. 9.00–18.00
(Juli–September bis 17.00), Sa. 9.00–13.00 Uhr

02 LA LAGUNA

Im Jahre 1496 gegründet und bis 1723 Inselhauptstadt ● TOPZIEL, findet sich in der historischen Altstadt auf relativ engem Raum ein für die Kanaren einmaliges Ensemble an Kirchen, Klöstern und herrschaftlichen Patrizierhäusern. Seit 1999 darf sich die Universitätsstadt (142 000 Einw.) Weltkulturerbe der Menschheit nennen. Von der aktuellen Metropole Santa Cruz aus ist die Universitätsstadt bequem mit der neuen Straßenbahn erreichbar.

SEHENSWERT Das Zentrum der Altstadt nimmt die quadratisch angelegte **Plaza del Adelantado** ein. Von den umstehenden Gebäuden gibt vor allem der arabisch inspirierte Söller des **Convento Santa Catalina** einen reizvollen Blickfang ab. Neben dem wuchtigen Eckturm des ehem. Klosters verkörpert der von Renaissance und Barock geprägte **Palacio de Nava** von 1585 das Repräsentationsbedürfnis der Adelsfamilie Nava, die über Jahrhunderte das kulturelle Leben Teneriffas dominierte. Von der Plaza del Adelantado erreicht man über die Calle Obispo Rey Redondo die **Catedral de los Remedios**. Unter der klassizistischen Kuppel der Bischofskirche

Tipp

Lange Museumsnacht

Das Historische Museum in La Laguna bietet einmal im Monat einen 40-minütigen Rundgang durch die historische Altstadt des Weltkulturerbes an. Nach dem Nachtspaziergang steht das Geschichtsmuseum für einen Besuch offen. Den ehrwürdigen Rahmen für die Ausstellung liefert die Casa Lercaro. Im Innenhof des Museums sind die prächtigen mudéjaren Holzarbeiten aus dem 16. Jh. ein Teil der bewegten Inselhistorie. Den Abend beschließen ein Gläschen Wein und typisch kanarische Snacks. Anmeldung: Tel. 922 82 59 49, www.museosdetenerife.org.

INFO

lohnt ein Blick auf das Altargemälde des flämischen Meisters Hendrik van Balen. Der schwarze Glockenturm am Ende der Straße gehört zur **Iglesia de la Concepción**, deren Baugeschichte bis auf die Zeit der Stadtgründung zurückgeht. Unter der Innenausstattung ragen der mit kostbarem Silber beschlagene Altar und ein glasiertes Taufbecken heraus, an dem die letzten Guanchenhäuptlinge getauft wurden.

MUSEEN In der Casa Lercaro, einem Herrenhaus aus dem 16. Jh., hat das **Museo de Historia de Tenerife** seinen Sitz (Calle San Agustín; geöffnet: Di.-So. 9.00-19.00 Uhr, siehe auch Tipp auf S. 31). Im **Museo de la Ciencia y del Cosmos** (Di.-So. 9.00-19.00 Uhr) machen rund 60 Modelle naturwissenschaftliche Phänomene fassbar. Highlights sind etwa das Skelettfahrrad oder das Spiegellabyrinth.

UMGEBUNG Nordöstlich von La Laguna erstreckt sich das Anagagebirge (**Las Montañas de Anaga**). Folgt man von La Laguna der Höhenstraße durch das Gebirge, so passiert man bald den **Bosque de las Mercedes** und etliche wunderschöne Aussichtsplätze. Weitere Anlaufpunkte in den bis zu 1000 m hohen Montañas de Anaga sind das Höhlendorf **Chinamada** und das Weindorf **Taganana** an der Nordflanke des Gebirges.

03 PUERTO DE LA CRUZ

Die Bausünden aus den 1960er-Jahren sind unverkennbar, doch seither hat sich in Puerto de la Cruz (31 000 Einw.) so manches zum Guten gewendet. Der herausgeputzte Altstadtkern kann sich sehen lassen, Spazierwege am Meer laden zum Flanieren ein. Aus der Pionierzeit des Fremdenverkehrs vor gut 100 Jahren blieb der Stadt auch so manche nostalgische Unterkunft erhalten. Mehr Charme als die mitunter gesichtslosen Hotelansammlungen im Süden hat die kosmopolitische Ferienstadt allemal.

SEHENSWERT „Der" Treff in der Altstadt ist die **Plaza del Charco**, an der man in gemütlichen Terrassencafés das bunte Treiben genießen kann. Wer es etwas ruhiger mag, zieht sich in den **Rincón del Puerto** an der Westseite des Platzes zurück. In dem stimmungsvollen Innenhof des 1739 errichteten Gebäudes befinden sich etliche Restaurants. Über die Treppengasse Quintana gelangt man zur **Iglesia Nuestra Señora de la Peña Francia**. Die barocke Innenausstattung gibt einen beliebten Rahmen für Hochzeiten ab, bemerkenswert ist die von Luján Pérez geschaffene Schmerzensmadonna. Gegenüber der Kirche befinden sich die Traditionshotels Marquesa und Monopol, beide Häuser gehen auf das 18. Jh. zurück und verfügen über prächtige Balkongalerien und überdachte Innenhöfe. An der Uferpromenade steht die verträumt wirkende **Ermita San Telmo** von 1784. Ihr hübscher Glockengiebel wird fotogen von Drachenbäumen und Palmen eingerahmt. Ein Muss ist der **Jardín Botánico** (tgl. 9.00-18.00 Uhr). Bereits 1778 gegründet, gedeihen darin mehr als 4000 Pflanzenarten aus allen Kontinenten, darunter eine riesige Würgefeige und ein origineller Leberwurstbaum. Für den Besuch des **Loro Parque** ⦿ **TOPZIEL**, eines Tier- und Freizeitparks der Superlative (tgl. 8.30-18.30, letzter Einlass 17.30 Uhr), sollte man einen ganzen

Tipp

Süße Sachen

Wirklich gute Feinbäckereien sind auf Teneriffa dünn gestreut. Eine empfehlenswerte Adresse ist die Pastelería El Aderno in Buenavista del Norte (Calle La Alhondiga 8). So gut wie alles in diesem Hause kommt aus eigener Herstellung, angefangen von Rumtrüffeln und Zimtpralinen bis hin zur voluminösen Ananastorte. Selbst die Schokolade ist hausgemacht. Buenavista liegt in der nordwestlichsten Ecke Teneriffas, die Pastelería befindet sich an der Hauptstraße gegenüber vom Rathaus.

Würgefeige im Botanischen Garten

Tag einplanen. Zur weltgrößten Papageienausstellung haben sich nämlich längst ein Thai-Dorf und eine Gorilla-Terrasse gesellt. Tiger, Schimpansen und Krokodile, ein beeindruckender Aquariumkomplex und natürlich die Delphinshow sind weitere Höhepunkte.

MUSEEN Das **Museo Arqueológico** in der Calle del Lomo informiert über die Geschichte der Guanchen (Di.-Sa. 10.00-13.00 und 17.00-21.00, So. 10.00-13.00 Uhr). Gehobene Wohnkultur von anno dazumal präsentiert die im 17. Jh. errichtete **Casa Abaco** (tgl. 10.00-13.30 Uhr) im Ortsteil El Durazno.

STRÄNDE Noch ganz ursprünglich gibt sich die **Playa del Bollullo**, 3 km östlich von Puerto de la Cruz. Die schwarzsandige Felsenbucht gehört zu den malerischsten Badeplätzen an der Nordküste und wird im Sommer vor allem von Einheimischen besucht. Die meist starke Brandung lässt allerdings vielfach nur eingeschränkten Badebetrieb zu. Man erreicht die Bucht zu Fuß vom Mirador de la Paz auf dem aussichtsreichen Camino de la Costa in einer guten halben Stunde. Die jüngst neu gestaltete und aufgeschüttete kleine **Playa Martiánez** hat den Vorteil, dass sie nur wenige Schritte von der Altstadt entfernt liegt – entsprechend voll ist es allerdings meist. Mehr Platz bietet die ebenfalls künstlich geschaffene **Playa de Jardín** am westlichen Ortsrand. Die gestaltende Hand von César Manrique ist hier unverkennbar. Der lanzarotenische Künstler hat auch den **Lago de Martiánez** (tgl. 10.00-18.00, im Sommer bis 20.00 Uhr) entworfen. Die weitläufige Badelandschaft mit um türkisblaue Pools drapierten Lavasteinen und skurrilen Skulpturen gilt als eines seiner Meisterwerke.

RESTAURANTS Im alten Fischerquartier La Ranilla haben sich Dutzende Lokale eingerichtet. Eines der besten ist das Regulo (Calle Pérez Zamora 16, Tel. 922384506), in dem rustikales Ambiente, flotter Service und ansprechende Küche zu einer gelungenen Symbiose zusammengefunden haben. Sollte es dort voll sein, bietet sich um die Ecke das La Papaya (Calle del Lomo, Tel. 922382811) an. Im Patio werden deftige kanarische Gerichte und Seafood serviert.

UMGEBUNG Nach **El Sauzal**, rund 20 km nordöstlich, fährt man vor allem wegen des Weines. In der Casa del Vino kann man sich über die Geschichte des Weinbaus informieren und diverse gute Tropfen probieren (Di.-Sa. 10.00 bis 22.00, So. 11.00-18.00 Uhr).

INFORMATION

Oficina de Información,
Calle Las Lonjas, Tel. 922386000,
Mo.-Fr. 9.00-20.00, Sa. und So. 9.00-17.00 Uhr

TENERIFFA

32-33

Einige der Höhlenwohnungen in Chinamada sind noch immer bewohnt

04 LA OROTAVA

Das fast 500 Jahre alte Landstädtchen (40 000 Einw.) im fruchtbaren Orotavatal war lange Zeit das landwirtschaftliche Zentrum der Insel. Heute weiß der hübsche Ort mit historischem Stadtbild durch seine sorgsam konservierte Altstadt zu gefallen.

SEHENSWERT Von der **Plaza de la Constitución** hat man wie von einem Balkon aus einen wunderbaren Blick über die roten Ziegeldächer der Stadt ins Orotavatal. Nordostwärts begrenzt die Stiftskirche des ehem. Augustinerklosters den Platz, das nach der Conquista das religiöse Leben der Stadt bestimmte. Architektonisch setzt die von einer frei tragenden Kuppel überspannte **Iglesia Nuestra Señora de la Concepción** Akzente. Innen beherbergt die Kirche einen Barockaltar des italienischen Bildhauers Guiseppe Gagini. Eine Parallelstraße weiter erreicht man das 1871-1891 in klassizistischem Stil errichtete Rathaus (**Palacio Municipal**). Hinter dessen Rückfront liegt ein kleiner botanischer Garten: Der **Hijuela del Botánico** ist eine grüne Oase in der Stadt und Außenstelle des Botanischen Gartens in Puerto de la Cruz.

MUSEUM Das **Museo de Iberoaméricana** (Mo. 9.00-14.00, Di-Fr. 9.00-17.00, Sa. 9.00 bis 14.00 Uhr) widmet sich ganz dem südamerikanischen Kunsthandwerk. Die sehr ansprechend präsentierte Sammlung ist in den Räumlichkeiten des ehemaligen Dominikanerkonvents untergebracht.

EINKÄUFE In der **Casa de los Balcones** werden inseltypische Stickereien angeboten. Allein schon das fast 400 Jahre alte Bürgerhaus mit seinen prächtigen Holzbalkonen und dem subtropisch begrünten Patio lohnt den Besuch.

VERANSTALTUNG Fronleichnam (2. Do. nach Pfingsten) wird besonders prächtig gefeiert – der Rathausplatz ist dann mit riesigen Sandbildern geschmückt.

UMGEBUNG In dem 20 000 m² großen Themenpark **Pueblochico** (tgl. 9.00-18.00 Uhr) nahe der Nordautobahn (Ausfahrt Nr. 35) sind die wichtigsten Landschaften und Bauten der Insel en miniature im Maßstab 1:25 nachgebildet. Die detailgetreuen Modelle wurden in dreijähriger Bauzeit von Absolventen der Kunstakademie erstellt.

INFORMATION

*Oficina Municipal de Información,
Calle Escultor Estevéz, Tel. 922323041,
Mo.-Fr. 8.30-18.00 Uhr*

05 PARQUE NACIONAL DEL TEIDE

Der 3718 m hohe Pico del Teide ◯ TOPZIEL im Inselzentrum ist im wahrsten Sinn des Wortes das landschaftliche Highlight Teneriffas. Der 2007 zum UNESCO-Weltnaturerbe erklärte Nationalpark rund um den imposanten Bergstock bietet bizarre Naturwunder im Dutzend und ist mit jährlich 3,5 Millionen Besuchern die größte Attraktion der Kanaren.

SEHENSWERT Mit der Seilbahn erreicht man von der Talstation (2356 m) in acht Minuten die **Rambleta** (3555 m; Betriebszeiten, sofern es die Wetterlage erlaubt: tgl. 9.00-16.00 Uhr). Viel besucht sind ferner die erodierten Felsnadeln **Roques de García** nahe dem Parador, von denen sich ein spektakulärer Ausblick auf den Teide und den Llano de Ucanca, eine weite Ebene, bietet. In zwei Besucherzentren (**Centro de Visitantes** bei El Portillo und beim Parador; tgl. 9.15-16.00 Uhr) erfährt man mehr über Geologie, Flora und Fauna des Nationalparks. Dem Centro de Visitantes bei El Portillo ist ein botanischer Garten für Besucher angeschlossen.

RESTAURANT Im staatlich geführten Parador wird gehobene kanarische Küche offeriert. Wer will, kann in dem komfortabel ausgestatteten Berghotel auf 2100 m Höhe auch übernachten (Tel. 922374841, www.parador.es).

WANDERUNGEN Der Nationalpark ist durch etliche Wanderwege erschlossen (Auskunft in den Besucherzentren). Herausragend ist die

Tipp

Mondlandschaft

Zu den faszinierendsten Landschaften Teneriffas gehört Paisaje Lunar, nördlich von Vilaflor. In einem lichten Kiefernwald verstecken sich von Wind und Wetter geformte hellgelbe Tuffkegel. Die bizarre Mondlandschaft ist allerdings nur im Rahmen einer langen Wanderung erreichbar. Man biegt 2 km oberhalb von Vilaflor von der Straße auf eine aus Naturschutzgründen für den Verkehr gesperrte Piste ab. Der weitere Verlauf ab dem Campamento Madre del Agua ist ausgeschildert (Gehzeit hin und zurück 5 Std.).

INFO

Tour auf den **Pico del Teide**. An der Straße zwischen El Portillo und dem Parador beginnt bei Kilometerstein 40 ein anspruchsvoller Steig, auf dem man in 4 Std. den Gipfel erreicht. Für das Erklimmen des Gipfelbereichs ist ein Permit erforderlich. Es wird unter Vorlage des Ausweises kostenlos ausgestellt von der Oficina del Parque Nacional, Santa Cruz, Calle Emilio Calzadilla 5, Tel. 922290129 (Mo.–Fr. 9.00–14.00 Uhr).

06 ICOD DE LOS VINOS

Das Weinstädtchen Icod (24 000 Einw.) an der Nordabdachung des Teide profitiert von alters her vom Wasserreichtum im Inselnorden. Weinberge und Bananenplantagen reichen bis an den Ortsrand heran.

SEHENSWERT Die botanische Attraktion schlechthin ist der Drachenbaumpark (tgl. 9.30 bis 19.30, Okt.–März bis 18.30 Uhr) mit dem ältesten **Drago** der Kanaren. 600 Jahre soll der Baumriese auf dem Buckel haben. In der nur wenige Schritte entfernten **Iglesia de San Marco** kann man ein 47 kg schweres und 2 m hohes Silberkreuz bewundern. Ein Stück oberhalb von Icod machte die Inselverwaltung 2008 ein Teilstück der **Cueva del Viento** der Öffentlichkeit zugänglich (Di.–So., Führungen jeweils um 10.00 und 12.30 Uhr, Anmeldung unter Tel. 922815339). Mit bislang erforschten 18 km gilt die Lavaröhre als eine der längsten der Welt. Auf der anderthalbstündigen Führung werden Besucher mit den geomorphologischen Besonderheiten des Naturwunders bekannt gemacht.

UMGEBUNG Garachico, 6 km westlich von Icod, gefällt durch sein mittelalterlich anmutendes geschlossenes Ortsbild. Von dem 1571 aus Furcht vor Piraten am Meer errichteten Castillo San Miguel führen schmale Gassen zu Adelspalästen und Klöstern in der Altstadt. Eine Ortsansicht wie aus dem Cockpit ergibt sich vom **Mirador de Garachico** an der Straße zwischen El Tanque und Icod. Von Garachico verläuft eine Straße parallel zur Küste nach Buenavista del Norte und weiter zur **Punta de Teno** mit grandioser Sicht auf die Steilküste im Nordwesten der Insel.

07 MASCA

Seit es die geteerte Zufahrtsstraße gibt, droht das pittoreske Bergdorf mitten im Tenogebirge am Ausflugsverkehr zu ersticken, zumindest um die Mittagszeit ist kaum ein Parkplatz zu ergattern. Pflasterwege verbinden die malerisch auf einem Bergrücken plat-

Idylle im Tenogebirge: das Bergdorf Masca

zierten Ortsteile miteinander. Unterwegs kommt man an kleinen Bauernkaten und handtuchschmalen Gemüseterrassen vorbei.

RESTAURANTS An aussichtsreichen Terrassenlokalen herrscht kein Mangel.

WANDERUNG Ein abenteuerlicher Trail führt durch den **Barranco de Masca** zum Meer hinab (hin und zurück gut 5 1/2 Std.). Wer sich den Wiederaufstieg ersparen will, kann sich einer organisierten Tour anschließen, die einen Bootstransfer mit einschließt (z. B. von Puerto del Carmen aus bei Heidis Wanderclub, Tel. 671224478, ab 19.00 Uhr).

Tipp

Bei den Pferdeflüsterern

Seit 1998 betreibt die aus Süddeutschland stammende Familie Eschbach eine Schule für „indianisches Reiten", wie es früher bei den nordamerikanischen Indianern und mongolischen Steppenvölkern üblich war. Geritten wird mit einfachem Westernsattel und leichtem Schnurhalfter, ohne Trense, Sporen oder Gerte. Für Anfänger und Fortgeschrittene werden Kurse, Tagesausritte sowie mehrtägige Vulkantrekkingtouren angeboten. Für die Gäste stehen individuell möblierte Studios mit Kochnische zur Verfügung, man kann sich aber auch mit Biokost aus dem Garten verwöhnen lassen. Der Reitstall Finca Verde liegt 800 m hoch über der Nordküste Teneriffas, an der Straße zum Nationalpark (Ctra. General Las Cañadas, km 10, Tel. 922334007, www.fincaverde.com).

08 PUERTO DE SANTIAGO

Die Westküste ist eine der sonnigsten Ecken der Insel. Kein Wunder, dass aus dem ehemaligen Fischernest Puerto de Santiago ein prosperierender Ferienort entstand, der mittlerweile mit der Retortensiedlung Los Gigantes zusammengewachsen ist.

STRAND Der schwarze Vulkanstrand **Playa de la Arena** ist einer der schönsten Naturstrände der Insel. Bei unruhiger See können gefährliche Unterströmungen allerdings den Badespaß beeinträchtigen.

RESTAURANT Direkt an der Playa de la Arena tischt das Terrassenlokal Pancho frischen Fisch auf (Tel. 922861323, Mo. Ruhetag).

UMGEBUNG Nördlich von Puerto de Santiago bricht die 500 m hohe Steilküste **Los Gigantes** senkrecht zum Meer ab. Eine besonders beeindruckende Ansicht bietet sich von der Hafenmole der gleichnamigen Feriensiedlung. Vom Hafen Los Gigantes kann man eine Katamaran-Exkursion entlang der Steilküste Los Gigantes bis zur Mündung der Masca-Schlucht unternehmen.

09 PLAYA DE LAS AMÉRICAS

Im wüstenhaften Süden entstand quasi aus dem Nichts binnen einer Generation die größte Hotelstadt der Kanarischen Inseln. Die Luxusoasen gehören zum Exklusivsten, was Teneriffa an Unterkünften zu bieten hat. Das lebhafte Ferienzentrum ist auch für sein Nachtleben bekannt.

TENERIFFA

STRÄNDE An den künstlich aufgeschütteten Stränden drängen sich die Badegäste sommers wie winters. Einer der schönsten Badeplätze ist die 600 m lange **Playa de Fañabe** vor der imposanten Kulisse des Nobelhotels Bahía del Duque. Stark frequentiert ist die von Molen geschützte **Playa de Bobo**, und auch die **Playa de Troya** südlich des Jachthafens Puerto Colón ist meist rappelvoll.

AKTIVITÄTEN Neueste Attraktion Teneriffas ist der direkt an der Autobahn gelegene **Siam Park** (tgl. 10.00-18.00 Uhr). Der im Thai-Stil gehaltene Wasserpark wartet mit einem großen Wellenbad, Kamikazerutschen und Tiershows auf. Im Wasserpark **Aqualand Costa Adeje** (tgl. 10.00-18.00 Uhr) bleibt ebenfalls kein Auge trocken. Das Spaßbad für Groß und Klein lockt mit Riesenrutschen, Strömungskanal und einer Delfinshow. Eine gute Adresse für Taucher und Biker ist das Hotel Park Club Europa. Mit Fun Dive Tenerife (Tel. 922752708) kann man **Tauchexkursionen** unternehmen, **Mountainbikes** und Rennräder können bei Diga Sports (Tel. 922793009) ausgeliehen werden. Die Radprofis bieten auch geführte Bike- und Wandertouren in den Nationalpark an.

RESTAURANT Das Las Rocas (Tel. 922746064) nahe dem Hotel Jardín Tropical liegt wunderschön direkt an der Uferpromenade, über dem Wasser. Als Spezialitäten sind Reisgerichte und Meeresfrüchte zu empfehlen. Geöffnet ist meist nur mittags, 13.00-16.00 Uhr.

UMGEBUNG Die hübsche Ortschaft **Adeje**, 5 km nördlich, ist Ausgangspunkt für die Wanderung in den **Barranco del Infierno**. (Seit 2004 wird eine Eintrittsgebühr verlangt, und der Zugang ist auf 200 Personen pro Tag limitiert.) Wer dem schmalen Pfad durch die Schlucht folgt, gelangt nach ca. 4 km zu einem kleinen Wasserfall.

INFORMATION
Oficina de Turismo Adeje, Avenida Rafael Puig 1, Tel. 922750633, tgl. 10.00-17.00 Uhr
Oficina de Turismo Arona,
City Center, Tel. 922797668,
Mo.-Fr. 9.00-21.00, Sa. 9.00-15.00 Uhr

10 LOS CRISTIANOS

In so manchem Ferienprospekt ist Los Cristianos noch als „ehemaliges Fischerdorf" ausgewiesen. Zumindest kann die Urlauberstadt einen gewachsenen Kern aufweisen. Drum herum entstand jedoch eine für Teneriffas Süden typische Hotelstadt, deren Arme sich mittlerweile auf die umliegenden Hügel ausstrecken.

STRAND Weitaus besser als der mitunter leicht verschmutzte Hafenstrand ist die künstlich angelegte **Playa de las Vistas**, die sich auf einer Länge von einem Kilometer in Richtung Las Américas zieht.

BOOTSTOUREN Vom Hafen, der Drehkreuz des innerkanarischen Fährverkehrs ist, verkehren Autofähren und Schnellboote nach La Gomera, La Palma und El Hierro. Außerdem starten hier Ausflugsschiffe zu Walbeobachtungstouren.

UMGEBUNG Im **Parque Las Aguilas** (tgl. 10.00-17.00 Uhr) an der Landstraße in Richtung Arona wird eine spektakuläre Falkner-Show (12.00 und 16.00 Uhr) mit Weißkopfadlern und anderen Greifvögeln geboten. Das Bergdorf **Vilaflor** an der Südauffahrt zum Nationalpark ist für seine kunstvoll terrassierten und mit Bimsgranulat abgedeckten Felder bekannt. Fleißige Hände stellen zudem kunstvolle Rosettenstickereien her, die im Centro de Artesanía am Ortseingang ausgestellt sind.

INFORMATION
Oficina de Información,
Playa de las Vistas, Tel. 922787011,
Mo.-Fr. 9.00-21.00, Sa. 9.00-13.00 Uhr

11 EL MÉDANO

Für Ruhe suchende Gäste ist der kleine Badeort in unmittelbarer Nähe zum Südflughafen nicht unbedingt die beste Wahl. Viel Glanz sucht man in El Médano ohnehin vergebens. Bis auf die zum Meer hin offene Plaza nimmt sich die Bebauung recht schmucklos aus. Dafür zieht die ständig steife Brise vor allem Windsurfer an.

STRAND Die 2 km lange **Playa del Médano** ist der längste Naturstrand der Insel. Auflandige Winde können allerdings mitunter reichlich Flugsand aufwirbeln. Im südlichen Abschnitt wird die Playa von bis zu 10 m hohen Dünen geschützt.

AKTIVITÄTEN Das beste **Windsurfrevier** Teneriffas wird von Profis als Speed-Strip geschätzt. Etliche Surfschulen und Surfshops sorgen für eine perfekte Infrastruktur.

UMGEBUNG Von El Médano erreicht man 6 km südwestlich den kleinen Hafen von **Los Abrigos**. Der Fischerort ist für seine guten Seafood-Lokale bekannt.

INFORMATION
Oficina de Turismo, Plaza de los Principes de la España, Tel. 922176002, Mo-Fr. 9.00-15.00, Sa. 9.00-13.00 Uhr

---

Nicht versäumen!

KULTUR

Avantgarde an der Meeresfront
Mit dem Auditorio de Tenerife landete der spanische Stararchitekt Santiago Calatrava einen großen Wurf. Der futuristisch geschwungene Konzerttempel avancierte über Nacht zum neuen Wahrzeichen Teneriffas.

Siehe Nr. **01**

KULTUR

Kulturerbe der Menschheit
Die alte Hauptstadt La Laguna strotzt geradezu von Historie. Adel, Klerus und wohlhabende Kaufleute hinterließen dem Weltkulturerbe ein einzigartiges Ensemble von noblen Palästen und reich ausgestatteten Sakralbauten.

▸ **TOPZIEL** Siehe Nr. **02**

KINDER

Ein Herz für Kinder
Kids lieben im Loro Parque vor allem die Delfinshow und die kleinen Kunststücke der Papageien. Ein Highlight ist die Vorführung der Killerwale. An heißen Tagen ist man im arktischen Klima des Pinguinhauses gut aufgehoben.

▸ **TOPZIEL** Siehe Nr. **03**

ERLEBEN

Weltnaturerbe Pico del Teide
Das Inselzentrum wird von der majestätischen Kulisse des Teide dominiert. Der im Winter oft mit Schnee gepuderte Gipfel ist der höchste Berg Spaniens, eine Seilbahn führt bis zu einer Aussichtsplattform in 3555 m Höhe.

▸ **TOPZIEL** Siehe Nr. **05**

ERLEBEN

Teneriffas Vorzeigedorf
In dem Bergdorf Masca scheint die Zeit stehen geblieben zu sein. Tagsüber wird das Landidyll von Ausflüglern in Beschlag genommen. Wer es einsamer mag, der steigt durch die wildromantische Masca-Schlucht zum Meer ab.

Siehe Nr. **07**

LA PALMA

36–37

Grün wie die Hoffnung

Isla verde, Isla bonita! Grüne Insel, wunderschöne Insel! Die Palmeros sind schnell bei der Hand, wenn es darum geht, ihrer Heimatinsel einen schmückenden Beinamen zu geben. La Palma ist tatsächlich grüner als die Nachbarinseln. 40 % der Fläche ist von immergrünem Lorbeer- und Kiefernwald überzogen. Und schön ist La Palma selbstverständlich auch. Ein Wermutstropfen sind lediglich die ab und an recht kräftigen Winterregen – doch irgendwoher muss das üppige Vegetationskleid ja schließlich kommen!

Vom Mirador de las Chozas bietet sich ein grandioser Blick in die Caldera de Taburiente.

Eine typische Strandinsel ist La Palma nicht. Zu abrupt fällt die Steilküste zum Meer ab. Ausgespart bleiben lediglich ein paar kleine schwarzsandige Buchten.

„Die Caldera ist ein Ort von entsetzlicher Tiefe."

Leopold von Buch, dt. Geologe, im 19. Jh.

Viele Palmeros und Freunde der Insel sehen dies durchaus positiv. Die wenigen Badeplätze sind für den Massentourismus nicht interessant. Bis auf die beiden Ferienorte Los Cancajos und Puerto Naos hält sich so die Küstenbebauung in Grenzen. 2002 wurde die gesamte Insel als Biosphärenreservat unter den Schutz der UNESCO gestellt.

Herzstück der Insel

Das Herzstück und geografische Zentrum La Palmas ist die Caldera, ein gigantischer Erosionskrater von 9 km Durchmesser. Der wie ein Hufeisen geformte 23 km lange Kraterrand erreicht seinen höchsten Punkt mit dem 2426 m hohen Roque de los Muchachos. Von den Rändern stürzen die Wände 1500 m in den Kessel ab – für den deutschen Geologen Leopold von Buch, der im 19. Jahrhundert als Erster die Caldera vermaß, ein Ort von „entsetzlicher Tiefe". Den einzigen Zugang bildet der Barranco de las Angustias, die Schlucht der Todesängste, die den Kessel nach Südwesten entwässert. Der Name geht auf eine Episode aus der Eroberungsgeschichte zurück, als vor gut 500 Jahren die Ureinwohner unter ihrem Häuptling Tanausú die Caldera als letzte Zuflucht vor den heranstürmenden spanischen Konquistadoren wählten und nur mittels einer List überwältigt werden konnten.

1954 wurde das fast 5000 Hektar große Naturwunder zum Nationalpark erklärt. Von der Panoramastraße durch das Hochgebirge erlauben etliche Aussichtskanzeln

01 *Unterwegs im Parque Nacional de la Caldera de Taburiente*
02 *Abgeschiedenes Urlaubsdomizil*
03 *Prächtiger Ausblick im Nationalpark*

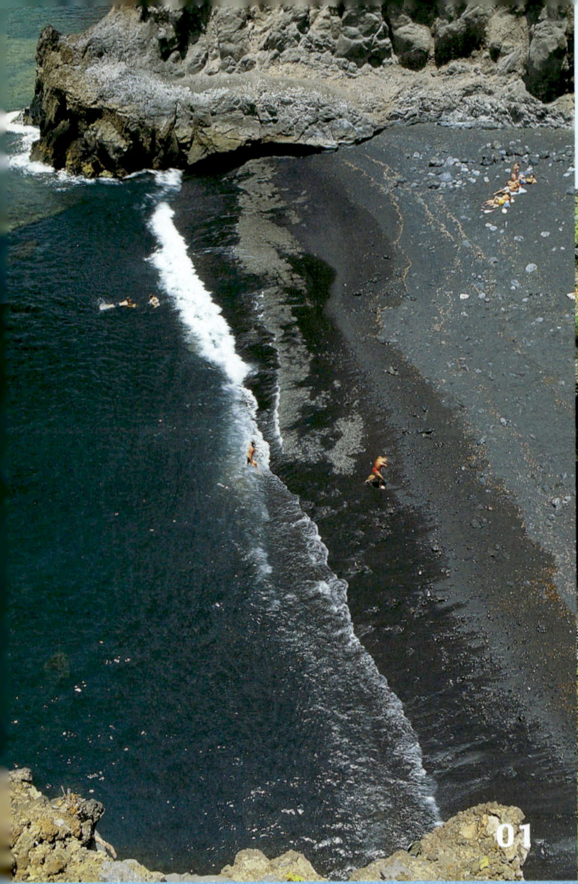

01

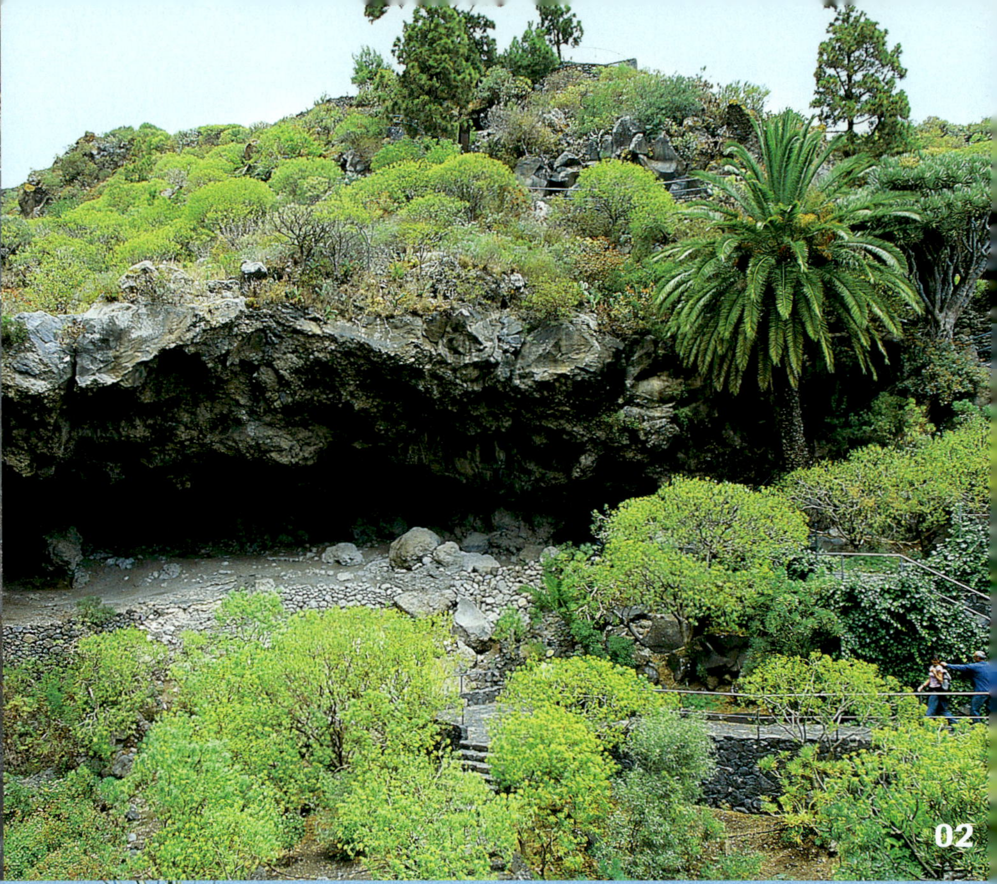

02

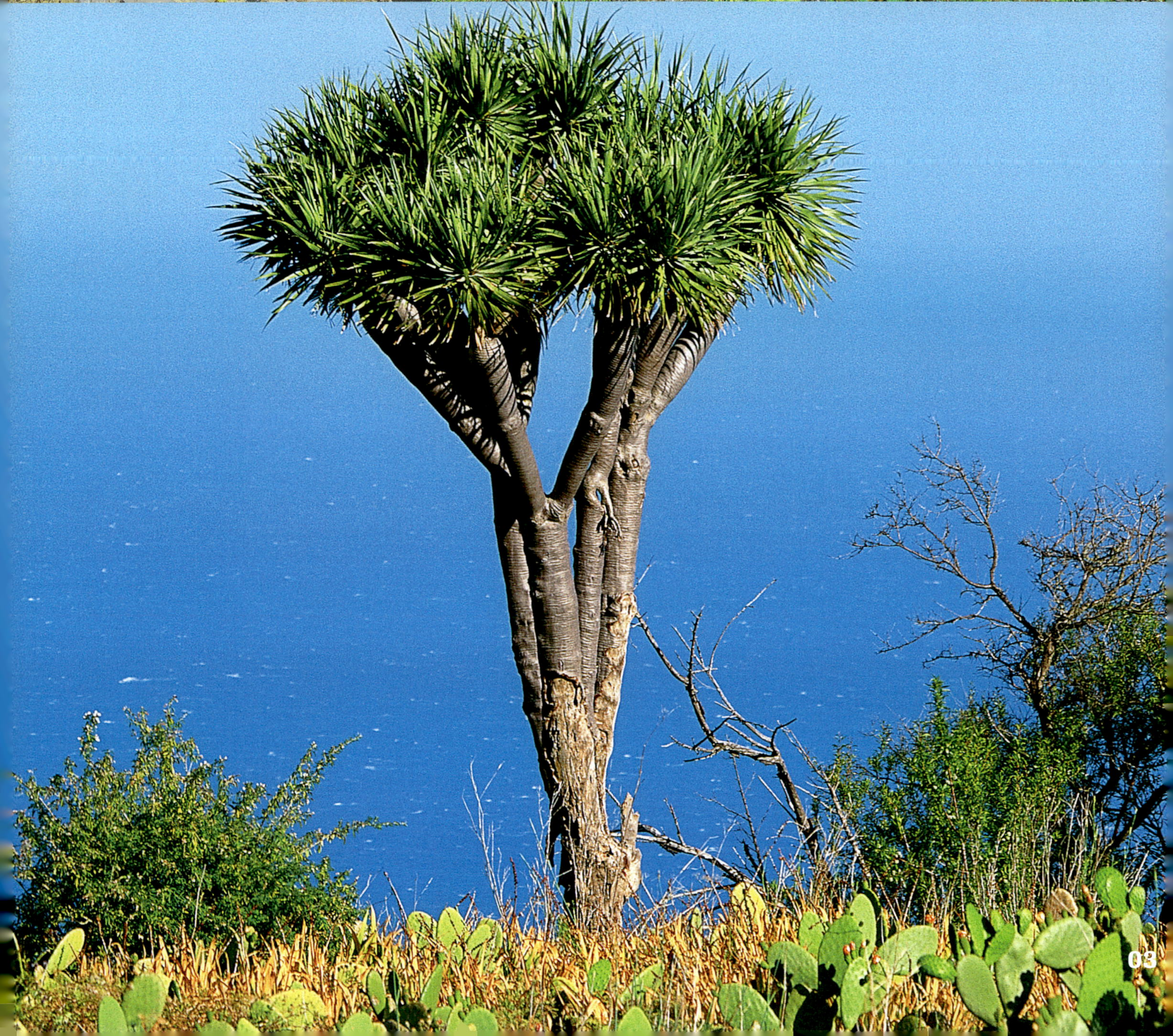

03

LA PALMA

SPECIAL Sternwarte

Sternengucker ins All

Die saubere Atmosphäre verhalf La Palma zu einem der besten astronomischen Standorte der nördlichen Hemisphäre. Das 1985 von sieben europäischen Ländern initiierte Gemeinschaftsprojekt auf dem 2426 m hohen Roque de los Muchachos gehört heute zu den renommiertesten Sternwarten der Welt.

Auf dem höchsten Inselgipfel ist der Nachthimmel an den meisten Tagen im Jahr sternenklar. Die saubere Atmosphäre und der häufig sternklare Nachthimmel machen La Palma zu einem der besten astronomischen Standorte Europas. Unterstützend erließ die Inselregierung eine Verordnung, die dafür sorgt, dass die Straßenbeleuchtung nur wenig Streulicht nach oben abgibt und sich so die „Lichtverschmutzung" auf der grünen Insel in Grenzen hält. 2007 wurde das Sonnenteleskop vom spanischen Kronprinzen Felipe Grantecan eröffnet. Mit einem Primärspiegeldurchmesser von 10,4 m ist das Riesenauge eines der größten und modernsten seiner Art. Es liefert gestochen scharfe Bilder aus dem Universum und soll z.B. neue Erkenntnisse über schwarze Löcher liefern.

unvergessliche Einblicke in den urweltlichen Kessel.

Steinzeitliche Felsbilder

Niemand weiß, was sie bedeuten, geschweige denn welche „Künstler" die Felsritzungen – Petroglyphen genannt – auf La Palma erschaffen haben. Immerhin steht fest, dass die mehr als drei Dutzend kreuz und quer über die ganze Insel verstreuten Bildstellen eine Hinterlassenschaft von La Palmas Ureinwohnern sind. Am häufigsten sind konzentrische Spiralen, mäandernde Schlangenlinien und ideogrammähnliche Symbole dargestellt. Die meisten Felsbilder finden sich im unwegsamen Norden der Insel, manche liegen versteckt in den Bergen und sind, wenn überhaupt, nur auf Ziegenpfaden erreichbar. Bei anderen wie La Zarza nordöstlich von Puntagorda und der Cueva del Belmaco auf der Ostseite südlich von Mazo wird der Zugang durch Besucherzentren kontrolliert, nicht zuletzt, um dem wiederholt vorgekommenen Vandalismus einen Riegel vorzuschieben.
Und etliche Petroglyphen dürften überhaupt noch nicht entdeckt sein. Erst vor 25 Jahren fand man nordwestlich von El Paso an der Felswand Lomo de Fajana Aufsehen erregende Felsgravuren, die deutlich ein Sonnensymbol erkennen lassen. Was wollten die präspanischen Ureinwoh-

ner damit ausdrücken? Magische Zeichen eines Sonnenkultes? Oder einen Kultplatz für ein verehrtes Quellheiligtum, wie an den Fundstellen von La Zarza und La Zarzita vermutet wird? Die Wissenschaftler haben nur eine sichere Antwort darauf: Bislang ist nichts entschlüsselt. Der Guanchen-Code wartet nach wie vor darauf, geknackt zu werden.

Relikt aus dem Tertiär

La Palma ist die Insel der Drachenbäume, was nicht heißen soll, dass an jeder Ecke einer der außergewöhnlich anzuschauenden Baumriesen anzutreffen ist. Doch im Inselnorden, etwa in Las Buracas und La Tosca, bilden die majestätischen Bäume gar kleine Haine. Etliche davon sind recht betagt und weisen ein Alter von mehr als 300 Jahren auf. Die Wurzeln der archaisch anmutenden Liliengewächse reichen bis ins Tertiär zurück. Während der Baum in Europa und auf anderen Kontinenten ausstarb, fand er dank der abgeschiedenen Lage auf den Kanaren eine ökologische Nische, die bis heute sein Überleben sichert. Schon die Guanchen verehrten den Baum als heilig, sie benutzten den Saft zum Einbalsamieren ihrer Toten. Beinahe hätten es die spanischen Eroberer geschafft, die Drachenbaumwälder komplett abzuholzen. Im 19. Jahrhundert diente das sich an der

01 *Badebucht im Inselsüden*
02 *Cueva de Belmaco: in vorspanischer Zeit vermutlich die „Residenz" eines Inselfürsten*
03 *Der Drachenbaum, das Liliengewächs*
04 *Tabakbauer bei Breña Alta*
05 *Volcán de San Antonio: Wanderung am Abgrund*

01

02

LA PALMA

Luft dunkelrot färbende „Drachenblut" zur Zahnpflege und wurde daneben auch als Farbpigment in Malerfarben genutzt. Seit man das Einzigartige der Bäume erkannt hat, wird der auf wenige hundert Exemplare reduzierte Bestand sorgfältig gehegt und gepflegt. Auf öffentlichen Plätzen, Parks und in Hotelgärten recken vielerorts neu angepflanzte Dragos ihre spitzen Blätter in den Himmel. Als botanische Besonderheit verzweigt sich der Drachenbaum erst nach der ersten Blüte – und die lässt zehn bis zwölf Jahre auf sich warten.

Auf Schusters Rappen
Die Isla Verde ist ein Wanderparadies par excellence. Auf kleinem Raum verbinden sich subtropische Lorbeerwälder mit bizarren Vulkanlandschaften, abenteuerlichen Schluchten und lieblichen Tälern. Für jeden Geschmack und Schwierigkeitsgrad ist etwas dabei, angefangen von einfachen Spaziergängen auf breiten Wegen durch

> „Das märchenhafte La Palma liegt vor uns, umrahmt von Wolken, und lockend niedlich die helle Stadt, Santa Cruz, empor kletternd an steilen Lehnen, genau an der Stelle, wo mehrere tiefe Barrancos zusammentreten und in die See eintauchen."
>
> Hermann Christ, 1886

würzig duftenden Kiefernwald bis hin zu alpinen Hochgebirgstouren in Höhen von 2000 m und mehr. Gut fünfzig verschiedene Touren mit einer Gesamtlänge von über 1000 km wurden jüngst markiert und ausgeschildert, also mehr als genug, um zwei oder drei Wanderwochen zu füllen.

01 *Blumenschmuck für Fronleichnam*
02 *Holzbalkone an der Avenida Marítima*
03 *Koloniale Architektur an der Plaza de España*
04 *Die Strandpromenade von Santa Cruz*

LA PALMA

INFO

LA PALMA

Immergrün und wanderbar

Die Grünste der Kanaren teilt ein fast 2500 m hoher Gebirgszug in eine im Winter oft wolkenverhangene Ostseite und in eine meist von der Sonne verwöhnte trockene Westküste. Ein hervorragend ausgebautes Wegenetz zieht Wanderer an, Touren in die Caldera de Taburiente und die Vulkanroute auf dem zentralen Bergkamm gehören mit zum Besten, was die Kanaren in dieser Hinsicht zu bieten haben. Viele Gäste kommen in den Badeorten Los Cancajos und Puerto Naos unter.

01 SANTA CRUZ DE LA PALMA

Die von der spanischen Kolonialarchitektur geprägte Inselkapitale ► TOPZIEL (18 000 Einw.) ist eine der schönsten Hafenstädte im Archipel. Adelspaläste, Sakralbauten und stolze Bürgerhäuser spiegeln den Glanz jener Epoche wider, als Santa Cruz vom blühenden Überseehandel mit den neuen amerikanischen Eroberungen profitierte. Hinter der lebhaften Küstenstraße drängt sich die restaurierte Altstadt auf einem schmalen Ufersaum.

SEHENSWERT Schön ist ein Spaziergang durch die autofreie Einkaufsstraße Calle O'Daly zur **Plaza de España**. Dort steht das Rathaus (**Ayuntamiento**) aus der Mitte des 16. Jhs., dessen Eingangshalle hübsche Rundbogenarkaden zieren. Die Nordseite des dreieckigen Platzes wird von der **Iglesia El Salvador** begrenzt. Eine Freitreppe führt zu dem prächtig gearbeiteten Renaissanceportal hinauf. Im Inneren der dreischiffigen Erlöserkirche lohnt ein Blick auf die im Mudéjarstil bemalte Holzdecke. Wahrzeichen der Stadt sind die **Casas de los Balcones** an der Avenida Marítima. Die gedeckten Balkone kleben wie Schwalbennester an den pastellfarbenen Fassaden, manche sind mit Sprossenfenstern verkleidet.

MUSEEN Das **Museo Insular** (Mo.–Fr. 9.30 bis 14.00 und 16.00–18.00 Uhr, im Sommer nur vorm.) ist in den Räumlichkeiten des ehemaligen Franziskanerklosters aus dem 16. Jh. untergebracht. Gezeigt werden frühgeschichtliche Exponate aus der untergegangenen Guanchenkultur. Im **Museo Naval**, eingerichtet in einer Nachbildung des Kolumbusschiffes „Santa Maria", kann man sich Exponate um die Seefahrt anschauen (wegen Restaurierung geschlossen, voraussichtliche Wiedereröffnung 2009), sowie das kunsthandwerkliche Schaffen der Insel.

RESTAURANT Das beliebte La Placeta (Placeta de Borrero 1, Tel. 922415273 offeriert seinen Gästen leckere internationale Kost von Spaghetti bis Schweinebraten. Im Parterre des denkmalgeschützten Hauses befindet sich ein recht lebhaftes Bistro, die rustikale Gaststube liegt im Obergeschoss.

UMGEBUNG Der bevorzugte Strand der Hauptstädter ist **Los Cancajos**, 4 km südlich der Altstadt, an dem sich auch das größte Ferienzentrum der Insel befindet. Lavazungen fassen die schwarzsandige Bucht ein, vorgelagerte Wellenbrecher erlauben selbst bei unruhiger See ungetrübten Badespaß.

02 MAZO

Die 5000 Einw. von Mazo auf der Ostseite La Palmas leben in erster Linie von Weinbau und Kunsthandwerk.

Tipp

Guanchenkeramik

Ein typisches Mitbringsel von der Isla Verde ist Keramik aus der renommierten Töpferwerkstatt El Molino (Mo.–Sa. 9.00 bis 13.00 und 15.00–19.00 Uhr). Ramón und Vina stellen nach alten Vorlagen der Guanchen ohne Töpferscheibe archaisch anmutende Reproduktionen her. Jedes Stück ist ein wertvolles Unikat. Charakteristisch für die aus schwarzem Ton gebrannten Schalen und Schüsseln sind die von Hand eingeritzten ornamentalen Muster. Das Atelier ist in einer alten Gofiomühle in Hoyo de Mazo untergebracht und über eine von der LP-832 abgehende Zufahrt gut erreichbar.

SEHENSWERT In der **Iglesia de San Blás**, einer der ältesten Inselkirchen, ist der geschnitzte Flügelaltar aus dem Jahr 1512 beachtenswert.

MUSEUM Die **Casa Roja** (Mo.–Fr. 10.00 bis 14.00 und 15.00–18.00, Sa. 11.00 bis 18.00, So. 10.00–14.00 Uhr) informiert über das Fronleichnamsfest. Im Obergeschoss sind Stickereien und Trachten ausgestellt.

VERANSTALTUNG Im Mai wird Fronleichnam gefeiert, die Straßen sind dann mit farbenprächtigen Blumenteppichen geschmückt.

EINKÄUFE Buntes Treiben herrscht jedes Wochenende auf dem **Mercadillo** (Sa. 15.00 bis 20.00, So 8.00–13.00 Uhr). Das Angebot des Bauernmarktes umfasst ausschließlich Produkte der Insel. In der **Escuela de Artesanía** (Mo.–Fr. 9.00–16.00 Uhr) neben der Markthalle kann man gestickte Handarbeiten kaufen.

UMGEBUNG In der **Cueva de Belmaco**, 5 km südlich von Mazo, hinterließen die Guanchen spiralförmige Felsgravuren. Ein archäologischer Park (Mo.–Sa. 10.00 bis 14.00 und 15.00 bis 18.00, So. 10.00–14.00 Uhr) gibt Einblicke in das Leben der Ureinwohner.

03 LOS CANARIOS – FUENCALIENTE

Der früher Fuencaliente genannte Ort liegt genau auf der Wasserscheide der Insel. An den vulkanischen Hängen unterhalb der Streusiedlung wächst einer der besten Inselweine, oberhalb des Ortes zieht ein dichter Kiefernwald die Cumbre Vieja hinauf.

RESTAURANT El Patio del Vino (Los Canarios 8, Tel. 922444623, Mo. Ruhetag) wird von der lokalen Winzergenossenschaft unterhalten. Zu den schmackhaften palmerischen Gerichten empfiehlt sich der Tischwein des Hauses.

UMGEBUNG Am Südrand von Los Canarios ist der **Volcán de San Antonio** ein viel besuchtes Ausflugsziel. Vom Kraterrand lässt sich die Westküste bis El Time überblicken, an klaren Tagen schaut man bis nach Teneriffa, La Gomera und El Hierro. Dem **Volcán de Teneguía**, 6 km unterhalb von Los Canarios, gebührt der Ruhm, Schauplatz des jüngsten Vulkanausbruchs im Archipel gewesen zu sein. 1971 spie der Berg Feuer und Asche und schickte aus mehreren Kraueröffnungen Lavaströme zum Meer hinab. Noch heute gleicht die Region einer ausgebrannten Mondlandschaft. Vom Weiler Las Indias führt ein Sträßchen zur **Playa Zamora** (nordwestlich von Los

INFO

Canarios) hinab. Vom Parkplatz an der Steilküste kann man auf einer Steintreppe in die schwarze Lavabucht hinabsteigen. Nach dem Badestopp bietet sich ein Abstecher zum Leuchtturm und zu den im Inselsüden gelegenen Salinen an.

04 PUERTO NAOS

Der Sonnenbonus auf der Westseite machte das ehemalige Fischernest zum beliebtesten Badeort der Insel. Oberhalb des Palmenstrandes hat sich eine schmucklose Apartmentstadt breit gemacht. Zumindest ein bisschen Flair verströmt die schön gestaltete Promenade mit Terrassencafés direkt über dem Wasser.

STRÄNDE Die pechschwarze **Playa de Puerto Naos** ist der beste Inselstrand und das ganze Jahr über gut besucht. Stattliche Kokospalmen spenden Schatten, es gibt auch Umkleidekabinen und Liegestühle, was für La Palma ansonsten nicht selbstverständlich ist. Klein, aber fein ist die von der Steilküste ausgesparte FKK-Bucht **Playa de las Monjas**, südlich von Puerto Naos. Gänzlich ungeschminkt gibt sich die **Playa Nueva** nördlich des Leuchtturms. Die Strandkolonie füllt sich am Wochenende mit Leben.

SPORT Es gibt einen Fahrradverleih (Bike Station, Tel. 922408355, www.bike-station.de) und eine Tauchschule (Tauchpartner La Palma, Tel. 922408139, www.tauchpartner-lapalma.de).

RESTAURANT Schön sitzt es sich in einem der Terrassenlokale auf der Strandpromenade, beliebt ist das ein Stück ab vom Schuss gelegene Las Olas (Tel. 922408026).

05 LOS LLANOS DE ARIDANE

Die heimliche Inselmetropole (20 000 Einw.) ist das urbane Zentrum der sonnenverwöhnten Westseite. Großzügige Avenidas, gesäumt von neuen Geschäftshäusern, verleihen dem Ort ein modernes Aussehen. Doch gibt es daneben auch stille Altstadtwinkel zu entdecken.

SEHENSWERT Geselliger Treff ist die **Plaza de España**. Ein kleiner Kiosk unter den schattigen Lorbeerbäumen ist zu jeder Tageszeit von Einheimischen und Feriengästen umlagert. Hinter der Iglesia de Nuestra Señora de los Remedios liegt etwas versteckt die **Plaza Chica**. Ein plätschernder Brunnen, stattliche Palmen und typisch kanarische Häuschen machen sie zur lauschigsten Ecke der Stadt.

An der Punta de Fuencaliente produziert eine kleine Saline noch Speisesalz

MUSEUM Im neuen **Museo Arqueológico Benahoarita** (Camino de Las Adelfas, Di.-Sa. 10.00–14.00 und 17.00–20.00 Uhr) werden Exponate aus der präspanischen Inselgeschichte ausgestellt.

RESTAURANT Eine gute Adresse mit Tradition ist El Hidalgo (La Salud 21, Tel. 922463124). In dem hübschen Altstadthaus mit lauschigem Patio gibt es neben leckeren Pizzas und einer exzellenten Auswahl an Tapas auch vegetarische Gerichte. Man spricht deutsch.

UMGEBUNG Der **Mirador El Time**, 13 km westlich von Los Llanos, erlaubt eine fulminante Aussicht auf das Aridane-Tal.

INFORMATION
Oficina de Turismo, Avda. Dr. Fleming, Tel. 922402583, Mo.–Fr. 9.30–19.00, Sa 9.00–14.00 Uhr

06 CALDERA DE TABURIENTE

Das Zentrum von La Palma steht seit 1954 als Parque Nacional de la Caldera de Taburiente ✪ TOPZIEL unter Naturschutz. Das Herz des Nationalparks bildet die Caldera de Taburiente, ein riesiger Kessel mit einem Umfang von 23 km. Die Wände der Caldera erreichen Höhen von über 2000 m, höchste Erhebung ist der Roque de los Muchachos (2426 m). Fast das gesamte Gebiet des Nationalparks bedeckt ein lichter Kiefernwald.

AUSSICHTSPUNKT Meistbesuchtes und leicht zugängliches Ziel im Nationalpark ist der Aussichtspunkt **La Cumbrecita** am Südrand der Caldera de Taburiente. Vom Besucherzentrum des Nationalparks in El Paso führt ein 8 km langes Sträßchen zur Cumbrecita hinauf. Zu Fuß kann man von hier zum 1 km entfernten **Mirador de las Chozas** gehen.

Das Ereignis: Prozession für die Inselheilige

BESUCHERZENTRUM Das **Centro de Visitantes** Parque Nacional (Carretera General 47, Tel. 922497277, tgl. 9.00–18.30 Uhr) informiert mit einer Ausstellung und einem Film über den Nationalpark und erteilt Genehmigungen für den Zeltplatz in der Caldera.

WANDERUNG Die klassische Tour in die Caldera führt vom Wanderparkplatz am Barranco de las Angustias zur Playa de Taburiente im Herzen des Nationalparks. Mit dem Jeeptaxi geht es hinauf nach Los Brecitos, von wo in den Kessel abgestiegen wird. Für den Rückweg bietet sich die Route durch die Angustias-Schlucht an (hin und zurück 5–6 Std.).

UMGEBUNG Liebliche Mandelbaumhaine rahmen das Bergstädtchen **El Paso** (5000 Einw.) am westlichen Fuß des zentralen Gebirgskammes. Etliche der alten Fincas wurden zu schmucken Ferienhäuschen umgebaut. Im Museo de Seda (Mo.–Fr. 10.00–13.00, Di., Do. auch 17.00–19.00 Uhr) erfährt man alles über die Seidenraupenzucht. In der angeschlossenen Weberei kann man den Frauen bei der Arbeit zuschauen. In **Las Manchas**, 7 km südlich von El Paso, hat der ein-

Tipp

Von Vulkan zu Vulkan

Der Wanderklassiker im jungvulkanischen Süden ist die Ruta de los Volcánes. Mitten im prächtigen Pinienwald von El Pilar (Zona Recreativa El Pilar) beginnt ein geröllinger Pfad auf den Grat der Cumbre Vieja zu den Kratern Hoyo Negro und Volcán Martín. Mit genügend Kondition kann bis ganz in den Süden nach Los Canarios abgestiegen werden. Auf der insgesamt 19 km langen Strecke sind 600 m Aufstieg zu bewältigen. Knapp 1300 m steigt man ab.

heimische Musiker und Künstler Luis Morera die Plaza La Glorieta zu einem heiteren Gesamtkunstwerk gestaltet. Mosaikbilder und Wasserspiele sind dezent zwischen kanarischer Flora platziert.

07 PUERTO DE TAZACORTE

Der kleine Ferienort schmiegt sich eng an die fast 600 m senkrecht aufragende Wand des Kap El Time. In den vergangenen Jahren unternahm man mächtige Anstrengungen, dem bis dahin hässlichen Entlein ein ansprechenderes Gesicht zu verpassen. Der alte Dorfkern zeigt sich heutzutage hübsch saniert und der Strand ist von einer Promenade eingefasst.

STRAND Eine Mole schützt die nordwestlichste Ecke der neu aufgeschütteten **Playa de Tazacorte** vor der Brandung.

BOOTSAUSFLUG Bei ruhiger See empfiehlt sich die dreistündige Exkursion zur **Cueva Bonita**. Besonders stimmungsvoll spiegelt sich das Sonnenlicht spätnachmittags in den beiden Eingängen der Meereshöhle.

RESTAURANTS Der Hafen von Tazacorte ist für seine guten Fischlokale inselweit bekannt. Wunderschön sitzt es sich auf der Sonnenterrasse der Taberna del Puerto (Plaza Castillo 1, Tel. 922406118) direkt an der Promenade. Sofern nach dem Fisch noch Appetit übrig sein sollte, empfiehlt sich als Dessert der „Mulatte im Hemd".

UMGEBUNG Im 4 km südlich gelegenen **Tazacorte** lohnt ein Bummel entlang der Avenida de la Constitución. Stimmungsvoll zeigt sich Tazacorte am Nordende der Avenida rund um die Iglesia de San Miguel (hübscher Laubengang neben der Kirche).

08 PUNTAGORDA

Die aus mehreren Ortsteilen bestehende große Streusiedlung liegt in einer der grünsten Inselregionen. Ausgedehnte Mandelkulturen verleihen dem abgeschiedenen Ort einen lieblichen Charakter. In den vergangenen 20 Jahren avancierte Puntagorda zu einem bevorzugten Domizil deutscher Einwanderer. Wahrzeichen der ländlichen Gemeinde ist ein betagter Drachenbaum am südlichen Ortseingang.

VERANSTALTUNG Jedes Jahr Ende Januar/Anfang Februar wird mit Volkstänzen und Timplemusik das Mandelblütenfest gefeiert. Der Termin richtet sich nach dem Stand der Baumblüte (Termin-Info: Verkehrsbüro Santa Cruz).

WANDERUNG Vom Nachbarort Las Tricias läuft ein alter Königsweg zu den altkanarischen Wohnhöhlen von Buracas hinab. Am Weg liegen einige der prächtigsten Drachenbäume der Insel (hin und zurück 2 Std.).

UMGEBUNG Im **Parque Cultural La Zarza** (tgl. 11.00–17.00, im Sommer bis 19.00 Uhr), 17 km nordöstlich von Puntagorda, finden sich mysteriöse Felsbildstellen der Guanchen. Vom Eingang des Besucherzentrums erreicht man die Petroglyphen zu Fuß in 10–15 Minuten.

09 SAN ANDRÉS

Das hübsche Dorf liegt nördlich der Hauptstadt inmitten von Bananenplantagen. Vor der Bananenära wurde auf den Feldern rund um den Ort Zuckerrohr angebaut, als Exporthafen diente der nahe gelegene Puerto Espíndola.

SEHENSWERT An dem von Palmen überragten Dorfplatz vereinen sich die wehrhafte Pfarrkirche und schmucke Bürgerhäuser zu einem gefälligen Ensemble kanarischer Baukunst.

RESTAURANT Der Dorfgasthof San Andrés (Tel. 922451725) vis-a-vis der Kirche serviert bodenständige Fischküche.

AKTIVITÄTEN Das Meeresschwimmbecken **Charco Azul** ist einer der wenigen Badeplätze an der sonst nur schwer zugänglichen Felsenküste im Norden der Insel.

WANDERUNG In Los Tilos ist die Schluchtbegehung durch den **Barranco del Agua** ein Muss. Vom Infozentrum des Biosphärenreservats aus, kann man die wildromantische Klamm bis zum Wasserfall erkunden (hin und zurück 1 Std.).

Nicht versäumen!

KULTUR

Altstadtflair am Meer
Markenzeichen von Santa Cruz de la Palma sind die zum Meer ausgerichteten Balkonhäuser. Anlaufpunkt in der Altstadt ist die Plaza de España – die Pfarrkirche und das Rathaus repräsentieren die spanische Kolonialarchitektur.

▶ **TOPZIEL** Siehe Nr. **01**

NATUR

Tanz auf dem Vulkan
An der Südspitze von La Palma ist man ganz nahe am vulkanischen Geschehen dran. 1971 spie der Vulkan Teneguía aus mehreren Krateröffnungen Asche und Lava aus, es war die jüngste Eruption im Archipel. Die Inselgruppe arbeitet noch.

Siehe Nr. **03**

ERLEBEN

Lavastrand mit Palmen
Puerto Naos an der Westküste von La Palma wäre nicht der Rede wert, wenn der Ort nicht mit dem besten Strand aufwarten könnte. Vor 25 Jahren aufgeforstete Kokospalmen spenden Schatten, in Terrassencafés gibt es Erfrischungen.

Siehe Nr. **04**

NATUR

Wanderparadies par excellence
Im Herz von La Palma lädt der Nationalpark Caldera de Taburiente zu Bergtouren ein. Aussichtspunkte in dem riesigen Kessel können auch per Auto angefahren werden, ultimativ ist die Schau vom 2426 m hohen Roque de los Muchachos.

▶ **TOPZIEL** Siehe Nr. **06**

NATUR

Archaische Drachenbäume
Im touristisch kaum berührten Nordwesten von La Palma führt ein reizvoller Wanderpfad durch den Drachenbaumhain von Las Tricias. Ein Ziel, über einen alten Königsweg wandernd, sind die altkanarischen Wohnhöhlen von Buracas.

Siehe Nr. **08**

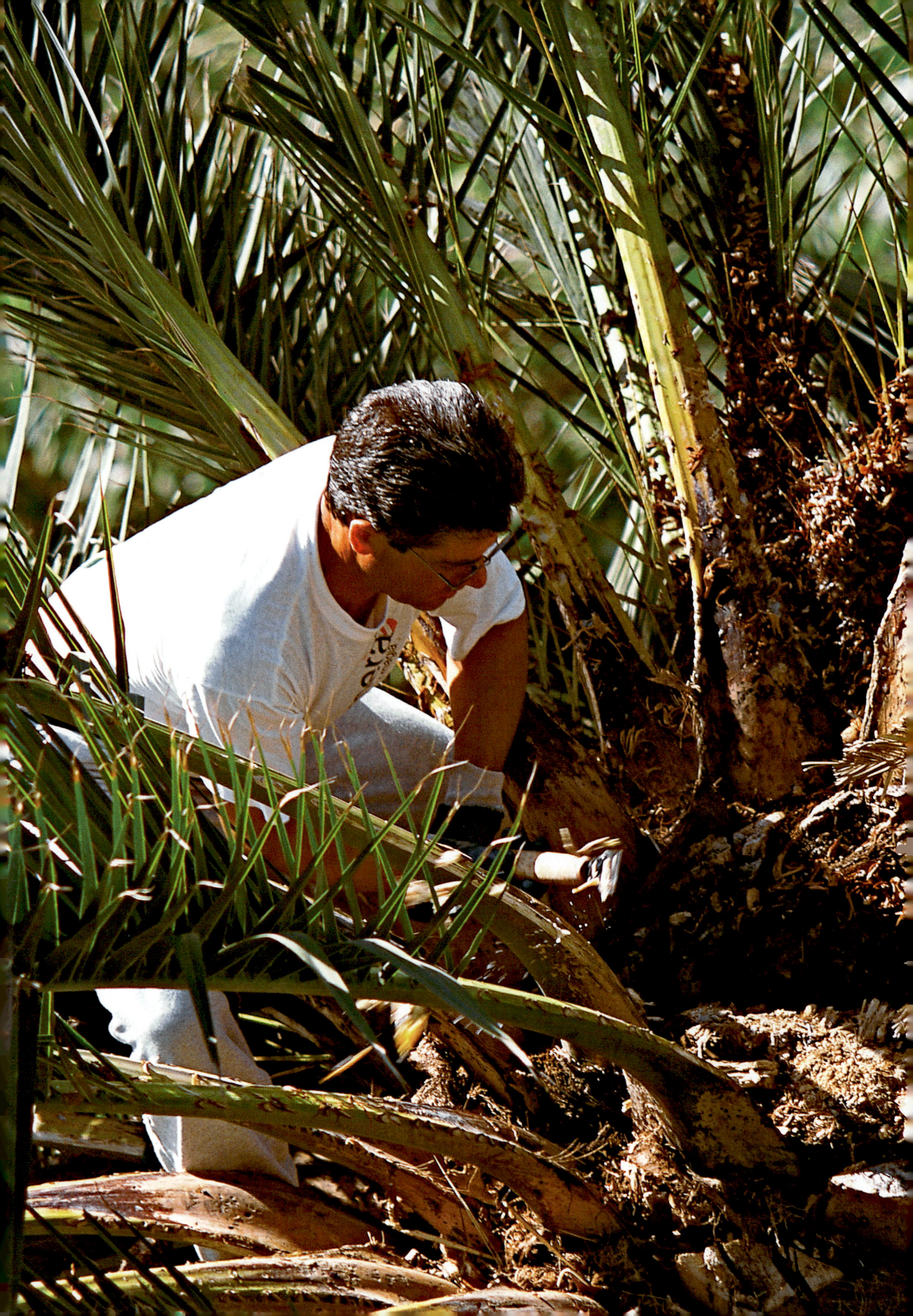

LA GOMERA

48–49

Die pfiffige Kolumbusinsel

La Gomera wartet mit Natur pur auf. Keine andere Kanareninsel zeigt sich auf engstem Raum so wild und zerklüftet. Vom dicht bewaldeten Hochland stürzen tief eingekerbte Schluchten zum Meer hinab, die dem zweitkleinsten Eiland im Archipel seinen unverkennbaren Charakter geben. Wer vom einen zum anderen Ende will, ist gefordert, ganz egal ob er zu Fuß, mit dem Mountainbike oder im Wagen auf den serpentinenreichen Straßen unterwegs ist.

Um Palmsaft zu gewinnen, müssen die oberen Palmwedel abgeschlagen werden

01

LA GOMERA

Christoph Kolumbus würde sich heute verwundert die Augen reiben, wenn er die großen Autofähren sehen könnte, die alle zwei Stunden im Hafen von San Sebastián ein- und auslaufen. Für den Entdecker war 1492 vor seinem Aufbruch ins Ungewisse das gerade eroberte La Gomera das Sprungbrett in die Neue Welt. Seit 1999 kann die kleine Insel auch angeflogen werden. Angesichts der hervorragend ausgebauten Schiffsanbindung macht allerdings kaum jemand davon Gebrauch – die Ankunftshalle des Airport mutet fast wie ein Museum an.

Von Hippies und Aussteigern

Die ersten Fremden, die auf den Spuren von Kolumbus in nennenswerter Zahl auf die Insel pilgerten, waren die Blumenkinder. Auf der Suche nach einer heilen Welt machten sie das Valle Gran Rey zu ihrem neuen Domizil. In der weltabgeschiedenen Geborgenheit des Tals des Großen Königs versuchten die Aussteiger ein einfaches Leben zu führen. Manche kamen auf Zeit für einen Winter, manche blieben für immer. Im Gepäck hatten sie Müsli und Räucherstäbchen, im Kopf Tao, Zen und freie Liebe. Dass dabei so manches mit den tradierten Werten der Insulaner kollidierte, lag auf der Hand. Die Zeit ist im Valle Gran Rey nicht stehen geblieben. Der Umbruch ist allerorten sichtbar. Aus dem einstigen Aussteigerparadies ist das größte Touristenzentrum Gomeras geworden. In etlichen Saftbars und Esoterikläden weht zwar noch immer ein Hauch von Flower Power durch das Tal. In den neuen Apartmenthäusern und Hotels hat jedoch der ganz normale Pauschaltourismus Einzug gehalten. Die einstmals viel gepriesene Ruhe schwindet mehr und mehr. Doch noch immer ist auf La Gomera so manches anders, beispielsweise wenn sich vor Marías legendärer Bar am Strand von La Playa die Szene allabendlich zum Sonnenuntergang trifft.

01 Garajonay-Nationalpark: schmale Pfade und ...
02 ... bizarre Felsen wie der Roque de Agando
03 Terrassenfelder im Valle Gran Rey

01 *Wahrzeichen von Vallehermoso: Roque Cano*

02 *Lebendige Traditionen: Folkloretanzgruppe in volkstümlicher Tracht*

03 *Vueltas ist der Hafen des Valle Gran Rey*

LA GOMERA

04

05

SPECIAL Die Pfeifsprache der Ureinwohner

Insel mit Pfiff

Das zerklüftete topografische Gesicht der Insel war wohl dafür verantwortlich, dass sich auf La Gomera eine auf der Welt einmalige Pfeifsprache herausbilden konnte, die schon die Ureinwohner beherrschten.

El Silbo, wie das drahtlose Telefon genannt wird, ermöglicht es, sich über Schluchten hinweg zu verständigen. Steht der Wind günstig, können die übermittelten Botschaften bis auf eine Distanz von fünf Kilometern verstanden werden. Gepfiffen werden nicht einzelne Wörter, sondern aneinander gereihte Buchstaben, die mittels Tonhöhe und Tonlänge ausgedrückt werden. Manche gleich gepfiffenen Silben lassen sich nur im Kontext unterscheiden. Also eine recht komplizierte Sache, die von klein auf gelernt sein will. Damit El Silbo nicht ausstirbt, wurde sie von der UNESCO in die Liste der erhaltenswerten Kulturgüter aufgenommen. In den Grundschulen wird sie seit kurzem als Pflichtfach gelehrt. Und natürlich wird von den gelernten Silbadores der eine oder andere Pfiff auch ganz gut touristisch vermarktet.

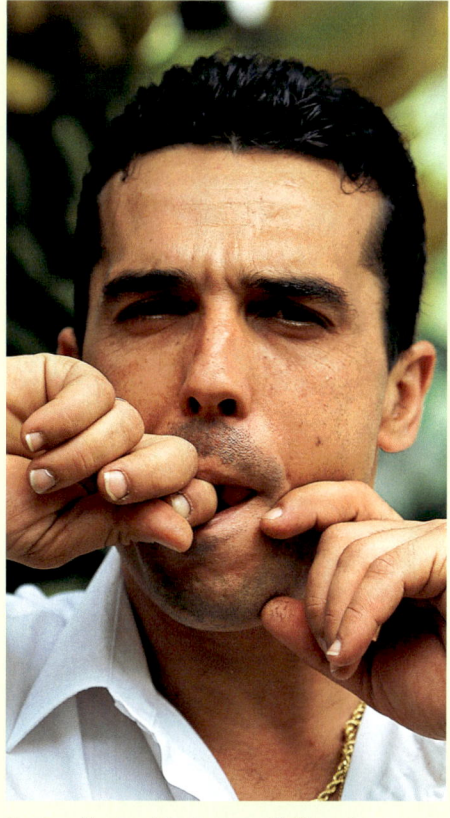

Kommunikation à la Gomera: Pfeifsprache

Bergdörfer im Hochland

La Gomera ist viel zu schade, um die ganzen Ferien an einem Ort zu verbringen – die Insel will geradezu entdeckt werden. Vor allem das Bergland hält so manche Überraschung bereit. So wird im Weiler El Cercado in der Werkstatt von Rufina und María noch nach Art der Ureinwohner getöpfert. Typisch für die schlichten Milchschüsseln und Wasserkrüge ist die sienarote Glasur aus Tonerde. Im Nachbarort Chipude am Fuß des mächtigen Basaltklotzes der Fortaleza lebten noch vor 200 Jahren mehr Einwohner als in San Sebastián, und das trotz des im Winter ausgesprochen rauen Wetters. Der Ort liegt immerhin fast 1100 m über dem Meer, da muss man sich manchmal einfach in eine der vier Bars an der zentralen Plaza flüchten.

An den Rändern des Hochlandes erlauben etliche Aussichtspunkte spektakuläre Ausblicke über die schroff zum Meer abfallende Canyonlandschaft bis hinüber zu den Nachbarn nach La Palma, El Hierro und auf Teneriffas Teide. Vom Mirador Ermita del Santo bei Arure genießt man das prächtige Panorama mit dem 500 Höhenmeter tiefer gelegenen Hangtal von Taguluche. Und dem für seine wundersamen Heilquellen gepriesenen Chorros de Epina liegen terrassierte Felder wie ein großer Flickenteppich zu Füßen.

04 *Von Agulo geht der Blick hinüber nach Teneriffa*
05 *Ferienwohnung oder Aussteigeridyll?*

LA GOMERA

INFO

LA GOMERA

54–55

Ein rundes Eiland für Aussteiger

Die Aussteigerinsel punktet mit immergrünen Lorbeerwäldern im Hochland, von dem sich tief eingekerbte Schluchten ihren Weg meerwärts suchen. Aufstrebendes Ferienzentrum ist das Valle Gran Rey, das mit seinen Terrassenkulturen und Palmenhainen zu einem der eindrucksvollsten Naturräume im Archipel gehört. Schnelle Fährverbindungen und die kurze Überfahrt von Südteneriffa machen bereits einen Tagesausflug lohnend.

01 SAN SEBASTIÁN DE LA GOMERA

Das Stadtleben der Inselkapitale beschränkt sich im Wesentlichen auf zwei parallel verlaufende Straßenzüge mit Geschäften, Banken und Restaurants. Etliche erhaltene Kolonialbauten zeugen von der bewegten Historie des vor mehr als 500 Jahren gegründeten Ortes.

SEHENSWERT Schon bei der Einfahrt in den Hafen kann man die 18 m hohe **Torre del Conde** aus der ersten Hälfte des 15. Jhs. ausmachen. Die **Iglesia Nuestra Señora de la Asunción** ist mit ihrem aus rotem Stein gebauten schlichten Hauptportal und dem barocken Hochaltar von Luján Pérez die schönste Kirche der Insel.

INFORMATION
Patronato Insular de Turismo, Calle Real 4, Tel. 922141512

02 PLAYA DE SANTIAGO

Der nahe gelegene nationale Flughafen und eine gute Schiffsanbindung machen den Badeort im äußersten Süden gut erreichbar.

STRÄNDE Östlich vom Hafen ist die jüngst von Steinen befreite und mit einer Mole gesicherte schwarzsandige **Playa de Santiago** der beste Badeplatz im Süden.

RESTAURANT La Cuevita (Avenida Marítima 60, Tel. 922895568, So. Ruhetag) gehört zu den besten Adressen im Ort. Das kleine Lokal ist in eine Naturhöhle eingepasst.

03 VALLE GRAN REY

Üppige Palmenhaine und Terrassenkulturen machen das Valle Gran Rey zu einer der schönsten Landschaften der Kanarischen Inseln. Im Talausgang sind mehrere Ortsteile verstreut. Besonders malerisch drückt sich La Calera an einen Berghang.

STRÄNDE Hauptstrand im Tal ist die **Playa Valle Gran Rey**. Schwarzer Sand findet sich allerdings nur am nördlichen Rand, der Rest des kilometerlangen Strandes ist recht steinig.

BOOTSFAHRT Beliebt ist die Exkursion nach **Los Órganos** an der Nordwestküste. Das Naturwunder aus bis zu 80 m aus dem Meer ragenden Basaltsäulen erinnert an Orgelpfeifen.

RESTAURANTS In La Playa ist El Baifo (Edificio Normara, Tel. 922805775, Fr. Ruhetag) eine gute Adresse für asiatische Kost.

04 HERMIGUA

Ausreichend Wasser aus dem Hochland machte die Talschaft von Hermigua zum landwirtschaftlichen Zentrum der Insel.

MUSEUM Im Ortsteil El Convento unterhalb des ehemaligen Dominikanerklosters das **Gofiomuseum** (unregelmäßig geöffnet).

UMGEBUNG Eine Perle von einem Dorf ist **Agulo**, 3 km nördlich von Hermigua, das auch wegen der Aussicht auf den zum Greifen nahen Pico del Teide auf Teneriffa bekannt ist. An der **Playa de Vallehermoso** lohnt ein Besuch im Kulturzentrum Castillo del Mar.

05 PARQUE NACIONAL DE GARAJONAY

Das Hochland von La Gomera ist nicht nur als Nationalpark ⊙ TOPZIEL ausgewiesen, sondern steht als Naturerbe der Menschheit zudem unter dem besonderen Schutz der UNESCO. Dichte urzeitliche Lorbeerwälder bilden einen ausgedehnten Waldbestand, der fast 10% der Inselfläche bedeckt.

BESUCHERZENTRUM Das **Centro de Visitantes Juego de Bolas** (tgl. 9.30–16.30 Uhr) informiert über das Ökosystem des Naturschutzgebietes. Der kleine botanische Garten macht mit der endemischen Inselflora bekannt.

Nicht versäumen!

NATUR

Aussteigeridyll im Königstal
Das ehemalige Hippieparadies Valle Gran Rey ist heute ein fast normales Ferienziel. Mit kunstvoll terrassierten Hängen und malerisch platzierten Dörfern hat das Tal des Großen Königs nichts von seiner Anziehungskraft verloren.

Siehe Nr. **03**

AKTIV

Orgelpfeifen überm Wasser
Vom Hafen Vueltas werden Bootstrips rund um La Gomera angeboten. Die Attraktion an der rauen Nordküste sind die nur vom Meer aus einsehbaren Basaltsäulen von Los Órganos. Öfters werden die Boote von Delfinen begleitet.

Siehe Nr. **03**

KULTUR

Ein Kastell mit Geschichte
Nahe der Playa Vallehermoso hat die alte Bananenverladestation eine neue Bestimmung als Kulturzentrum gefunden. Zu den Events im Castillo del Mar gehören Band-Auftritte, Vollmondpartys und ein Kunsthandwerkermarkt.

Siehe Nr. **04**

ERLEBEN

Bilderbuchdorf mit Teideblick
Wie gemalt liegt das hübsche Agulo auf einer aussichtsreichen Terrasse hoch über dem Meer. Genüsslich lässt es sich durch die kopfsteingepflasterten Gassen spazieren und einen Blick in die maurisch inspirierte Dorfkirche werfen.

Siehe Nr. **04**

NATUR

Im Nebelwald wandeln
Urzeitliche Lorbeerwälder und bizarr aufragende ausgebrannte Vulkanschlote machen den besonderen Reiz des UNESCO-Naturerbes im Bergland von La Gomera aus. Parkranger bieten kostenlos geführte Touren an.

⊙ **TOPZIEL**   Siehe Nr. **05**

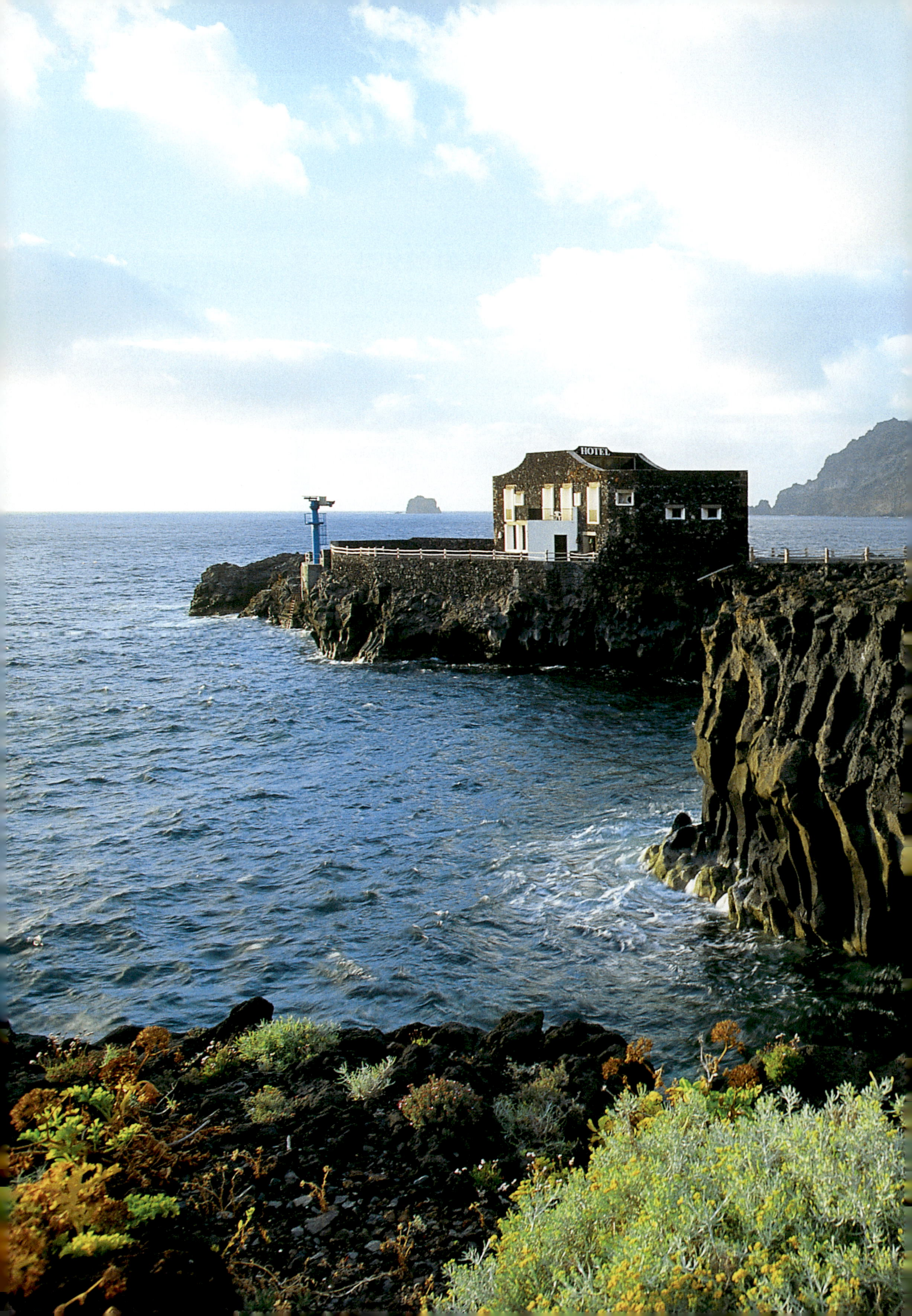
HOTEL

EL HIERRO

Ökoinsel mit herbem Charme

Mauerblümchen in der westlichsten Ecke der Inselgruppe – in dieser Rolle scheint sich El Hierro ganz gut eingerichtet zu haben. Nicht dass man sich gegen Fortschritt und Moderne verschließen würde. Doch auf der mit 278 km² kleinsten Kanareninsel nimmt so manches einen anderen Lauf als bei den großen Nachbarn. El Hierro ist das ökologische Wunderkind im Archipel. Den herben Charme der Vulkaninsel wissen bislang lediglich eine Hand voll Individualisten zu schätzen. Und das ist auch gut so.

Das winzige Hotel Punta Grande steht in exponierter Lage auf dem ehemaligen Kai von Las Puntas.

01

02

EL HIERRO

58–59

SPECIAL Lagarto gigante

Urzeitliche Rieseneidechse

Eidechsen sind auf allen sieben Kanareninseln allerorten anzutreffen, aber keine der vielen Unterarten ist so groß wie der Lagarto gigante von El Hierro. Sein ursprüngliches Biotop waren die der Nordküste vorgelagerten Felsinseln Roques de Salmor – bis er plötzlich wie vom Erdboden verschwunden war und als ausgestorben galt. Seit der Wiederentdeckung in den 1970er-Jahren wird in einer Zuchtstation erfolgreich die Arterhaltung der bis 70 cm langen Echsen betrieben. Besonders kräftige Exemplare aus dem auf mehrere hundert Tiere angewachsenen Bestand wurden inzwischen in ihren ursprünglichen Lebensraum ausgewildert.

Vom Aussterben bedroht: Rieseneidechse

Umweltschutz wird auf der kleinen Insel ganz groß geschrieben. Ökologischer Landbau und artgerechte Tierhaltung, Abfallrecycling und nachhaltige Wasserwirtschaft sind schon lange keine Fremdwörter mehr. Mit dem 1996 zum Meeresreservat erklärten Mar de las Calmas – dem Meer der Stille – kümmerte man sich zunächst um den Küstenschutz. Das Einmalige: Um die Südküste vor Überfischung zu bewahren, verordnete sich die Bruderschaft der Fischer von La Restinga eine freiwillige Selbstbeschränkung. In der Kernzone des maritimen Schutzgebietes darf weder gefischt noch getaucht werden. Der nächste Schritt auf dem Weg zur Ökoinsel ließ nicht lange auf sich warten: Im Jahr 2000 erklärte die UNESCO die ganze Insel zum Biosphärenreservat. Seither setzt man auf El Hierro – auch mit finanzieller Unterstützung der Europäischen Union – auf alternative Energie. Mit Windkraft und Solarstrom will man in absehbarer Zeit völlig unabhängig von fossilen Energieträgern werden. Bei einer Einwohnerzahl von gerade mal 10 000 dürfte dieses Ziel in gar nicht so ferner Zukunft zu realisieren sein.

Aufruhr in der Biosphäre
Für helle Aufregung unter den friedliebenden Insulanern sorgte die Ankündigung

01 *So ist das Geläut im ganzen Tal zu hören – Glockenturm und Kirche von El Golfo*
02 *Uralter Wacholderbaum bei Sabinosa*
03 *Mirador de Jinama: Blick auf El Golfo*

01

02

03

04

Das Wahrzeichen der Insel sind knorrige Wacholderbäume, deren Kronen wie Skulpturen auf der ansonsten kargen Hochebene La Dehesa stehen.

der spanischen Raumfahrtbehörde, auf El Hierro eine Raketenabschussrampe zu installieren. Und das Verteidigungsministerium ließ verlauten, auf dem Malpaso – El Hierros höchstem Berg – eine Radarfrühwarnanlage bauen zu wollen. Das Naturschutzgebiet um den Malpaso-Gipfel würde dadurch zwangsweise zum militärischen Sperrgebiet. Weder Geld noch gute Worte konnten die Herreños von den militärischen Planspielen begeistern. Deutlich artikulierten sie ihren Protest, bis zumindest die Sache mit der Raketenabschussrampe vom Tisch war. Behutsam und sanft ist die Einstellung der Herreños auch zum Fremdenverkehr. Verglichen mit den rund 250 000 Gästebetten auf Teneriffa sind die 1000 Betten auf El Hierro Peanuts, und das soll auch in Zukunft so bleiben. Tourismus wird als Zubrot verstanden, den Haupterwerb will man weiterhin durch die Fischerei und die Landwirtschaft bestreiten. Die touristische Infrastruktur nimmt sich folglich bislang recht bescheiden aus. Luxuriöse Beherbergungsbetriebe und Edelgastronomie dürfen nicht erwartet werden.

Eldorado für Naturfreunde

Auch wer auf El Hierro badetaugliche Strände sucht, liegt schlichtweg verkehrt – es gibt keine! Die meisten Inselgäste fühlen sich vielmehr von der ursprünglichen Natur angezogen. Sozusagen das Wahrzeichen der Insel sind knorrige Wacholderbäume, deren vom stetigen Passatwind auf den Boden gedrückte Kronen wie Skulpturen auf der ansonsten kargen Hochebene La Dehesa stehen. Unter Wanderern hat sich El Hierro trotz oder vielleicht gerade wegen seiner überschaubaren Größe als Ferienparadies herumgesprochen. Alte Dorfverbindungswege wie der Camino de Jinama zwischen dem Golftal und der Nisdafe-Hochebene oder der Steilabstieg vom Mirador de la Peña nach Las Puntas gehören zu den Toptouren. Beliebt ist auch der bequeme Wanderweg zu den Petroglyphen Los Letreros del Julán. An der archäologischen Fundstätte haben die Bimbaches genannten Ureinwohner an die 400 rätselhafte Zeichen hinterlassen. Schon vor mehr als 2000 Jahren sollen sie in die Felsplatten geritzt worden sein. Wie ein aufgeschlagenes Buch liegen die Petroglyphenfelder am zum Meer abfallenden Hang – nur lesen kann sie bislang niemand.

01 *Das Santuario de la Virgen de los Reyes bewahrt das Standbild der Inselschutzheiligen*
02 *Die Cala de Tacorón ist ein schöner Badeplatz bei La Restinga*
03 *Playa del Verodal an der Westküste*
04 *El Hierro ist auch ein beliebtes Ziel für Taucher*
05 *Iglesia de la Concepción in Valverde*

EL HIERRO

INFO

EL HIERRO

Ruhige Insel für Individualisten

Vom herben Charme der am äußersten Rand des Archipels etwas ab vom Schuss gelegenen und kleinsten Kanareninsel fühlen sich vornehmlich Gäste angezogen, die wirklich Ruhe haben wollen und keine Glitzermeilen vor der Haustür brauchen. Die Südspitze mit einer reichen Meeresfauna macht El Hierro vor allem für den Tauchtourismus interessant, doch auch Wanderer kommen auf ihre Kosten. Akzeptable Strände sind dagegen Mangelware.

01 VALVERDE

Die Inselmetropole (2000 Einw.) ist ein großes Dorf, das jedoch mit Rathaus, Hospital und Flugplatz alles hat, was eine Hauptstadt braucht. . Als einzige kanarische Hauptstadt liegt Valverde nicht am Meer, sondern im mitunter eingenebelten Hochland auf 600 m Höhe.

SEHENSWERT Die **Iglesia Nuestra Señora de la Concepción** aus dem 18. Jh. kann mit ihren wuchtigen Mauern den Festungscharakter nicht verhelen. Von ihrem Glockenturm hielt man einst nach Piraten Ausschau.

RESTAURANT Der Treff schlechthin ist die Bar Los Reyes (Calle Licenciado Bueno 3, Tel. 922551152). Bei einer Portion Tapas und einem Café solo werden regelmäßig die neuesten Nachrichten ausgetauscht.

UMGEBUNG 8 km westlich von Valverde erreicht man den von dem lanzarotenischen Künstler César Manrique gestalteten **Mirador de la Peña** ⏵TOPZIEL mit atemberaubender Aussicht auf **El Golfo**. Das beliebte Panoramalokal (Tel. 922550300, Mo. Ruhetag) überrascht mit moderner kanarischer Kost. Von **Puerto de la Estaca** (8 km südöstlich von Valverde) starten die Fähren nach Teneriffa. Eine Straße führt weiter zu den bizarren **Roques Bonanza** und zum Parador.

INFORMATION
Patronato Insular de Turismo,
Calle Doctor Quintero 4, Tel. 922550302,
Mo–Fr. 9.00–14.00, Sa. 9.00–13.00 Uhr

02 EL GOLFO – LA FRONTERA

La Frontera stellt zusammen mit Tigaday die größte Siedlung El Hierros. Beide Ortsteile liegen in der Mitte eines weiten Halbkraters (El Golfo), dessen zweite Hälfte vor 50 000 Jahren im Meer versank. In der landwirtschaftlich intensiv genutzten Region gedeihen überwiegend Bananen. Aber auch Papayas und köstliche Ananas lassen sich dort pflücken.

SEHENSWERT Auf einem Vulkankegel thront weithin sichtbar der Glockenturm der **Iglesia Nuestra Señora de Candelaria** – das dazugehörige Kirchenschiff liegt kurioserweise am Fuß des Berges versteckt.

RESTAURANT Im Brasero El Conuco (Calle Merese 45, Tel. 922559429) isst man üppig portionierte Fleischgerichte vom Grill, dazu wird ein herber Hauswein gereicht. Das Lokal ist in einer alten Zisterne untergebracht.

03 SABINOSA

Der Weiler gefällt durch steile Gassen und seine weiß getünchten Bauernkaten.

UMGEBUNG Von Sabinosa führt ein steiles Sträßchen nach **Pozo de la Salud** hinab. Das schwefelhaltige Heilwasser des Brunnens wird von alters her bei Rheuma und Hautleiden geschätzt. Das Kurhotel Balneario Pozo de la Salud (Tel. 922559561) bietet Anwendungen an. Die **Playa del Verodal**, 6 km westlich von Pozo de la Salud, ist der einzige nennenswerte Naturstrand El Hierros. Angesichts der nicht ungefährlichen Unterströmung sollte man sich allerdings auf das Sonnenbaden beschränken.

04 LA RESTINGA

Das Fischernest an der äußersten Südspitze hat sich dank des sonnigen Klimas zu einem Ferienort gemausert. Den kleinen Lavastrand im Hafenbecken schützt eine Betonmole. Das erlaubt einen bescheidenen Badebetrieb.

SPORT La Restinga gilt als das beste Tauchrevier der Kanaren. Vor Ort hat sich gleich ein halbes Dutzend Tauchbasen etabliert, deutschsprachig ist Fan Diving (Tel. 922557085, www.el-hierro-tauchen.de).

UMGEBUNG Wildromantisch ist die **Cala de Tacorón**, 9 km nordöstlich von La Restinga. Das in die bizarre Lavaküste eingelassene Naturschwimmbecken ist ein beliebter Badeplatz.

Nicht versäumen!

Essen mit Aussicht
In luftiger Höhe über dem Golftal setzte César Manrique das Aussichtslokal Mirador de la Peña haarscharf an die Abbruchkante der Hochebene. An einem Tisch vor Panoramaverglasung wird kreative kanarische Kost serviert.

⏵ **TOPZIEL**   Siehe Nr. **01**

Der Turm über der Ringerarena
Der dreistufige Glockenturm der Dorfkirche von La Frontera steht in beherrschender Lage auf einem nackten Vulkankegel im Golftal. Am Fuß des Hügels legte man kurioserweise eine Ringkampfarena an.

Siehe Nr. **02**

Roter Sand im Westen
Die rotsandige Playa del Verodal ist mehr etwas zum Schauen als zum Baden. Der einsame Strand an der Westküste von El Hierro wird von einer bizarren Felsenküste gerahmt und ist nur über eine staubige Piste erreichbar.

Siehe Nr. **03**

Zackenbarschen auf der Spur
Die Südküste vor La Restinga genießt den Ruf, das beste Tauchrevier der Kanaren zu sein, unter anderem gibt es Papageienfische, Muränen und Gespensterkrabben zu entdecken. Vor Ort bieten etliche Tauchschulen Schnupperkurse an.

Siehe Nr. **04**

Natürliche Badewanne aus Lava
Das Meeresschwimmbecken von Tacorón ist an der ansonsten nicht gerade mit Stränden üppig versorgten Insel einer der besten Badeplätze. Nahebei kann auf einem kleinen Spaziergang die Teufelshöhle erkundet werden.

Siehe Nr. **04**

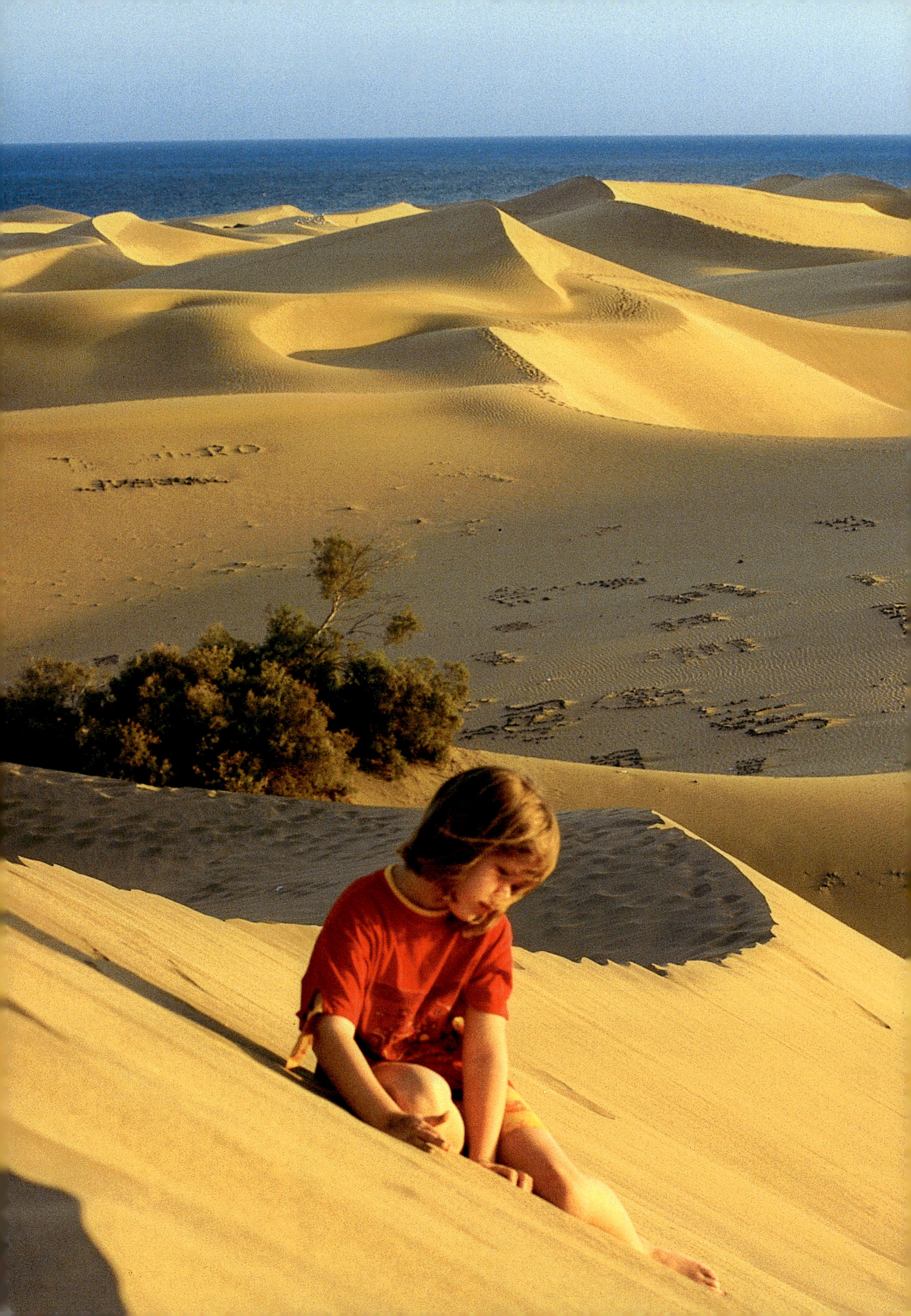

GRAN CANARIA

64–65

Lieblings-insel der Deutschen

Nahezu rund liegt Gran Canaria im geografischen Mittelpunkt des Archipels. Das zentrale Bergland ragt knapp 2000 m aus dem Atlantik empor. Geologen gehen davon aus, dass in grauer Vorzeit ein noch gut 1000 m höherer Schildvulkan die Szenerie beherrschte. Durch eine gewaltige Explosion soll die Bergspitze gesprengt worden sein. Übrig blieb ein überdimensionaler Kraterkessel, den der spanische Philosoph Miguel de Unamuno treffend als „steinernes Gewitter" charakterisierte.

Meterhohe Dünen, vom Wind geformt – die Dunas de Maspalomas sind zwar keine unberührte Naturoase mehr, aber dennoch wunderschön!

01

02

GRAN CANARIA

66–67

Will man dem antiken Geschichtsschreiber Plinius d. Ä. Glauben schenken, so sollen Hunde die Namensgeber von Gran Canaria gewesen sein. Plinius berichtet von einer um die Zeitenwende vom mauretanischen König Juba II. unternommenen Expedition auf die Kanarischen Inseln, bei der die Mauretanier große Hunde (lat. canis) an den Küsten Gran Canarias ausgemacht haben wollen. Andere Quellen schreiben den Namen eher dem Kanarienvogel zu, der die Wälder der Insel bevölkert. Was immer für den Inselnamen Pate gestanden haben mag, Canaria steht heute stellvertretend für die ganze Inselgruppe, und das obschon „Großcanaria" von der Fläche her nur die Nummer drei im Archipel ist.

Auf den Spuren der Guanchen

Als im 15. Jahrhundert die spanischen Eroberer ihren Fuß auf Gran Canaria setzten, erwartete sie eine handfeste Überraschung. Sie trafen auf ein Volk, das über Jahrhunderte hinweg völlig abgeschottet von der Restwelt im Steinzeitalter verharrt hatte. Die so genannten Guanchen kannten weder Metallbearbeitung noch das Rad. Sie benutzten Steinwerkzeuge aus Obsidian und Trachyt, kleideten sich in Felle und lebten vorwiegend in Höhlen. Wann kamen diese Menschen auf die Inseln? Und woher? Die Forschung hält mittlerweile zu fast allen Fragen über das mysteriöse Volk akzeptable Antworten bereit. Es waren wohl nordafrikanische Berber, die vor 2500 Jahren wegen der sich immer weiter ausbreitenden Sahara ihre angestammte Heimat verließen und in einfachen Schilfbooten auf die dem afrikanischen Kontinent vorgelagerte Inselgruppe übersetzten. Mit geschätzten 20 000 Einwohnern war Gran Canaria vor der Ankunft der Konquistadoren die am dichtesten bevölkerte Insel. Wer auf den Spuren der Guanchen wandelt, findet über die ganze Insel verstreut noch etliche Zeugnisse ihrer zwar primitiven, aber doch hö-

01 *Playa de las Canteras: Strand vor Stadtkulisse*
02 *Las Palmas: Casa de Colón*
03 *Catedral de Santa Ana*
04 *Mumien im Museo Canario*

01

02

SPECIAL Guanchenmüsli

Yo como gofio

Das spärliche Kulturgut der Guanchen ging nach der Eroberung fast restlos unter. Nicht so die Esskultur!

Die Urkanarier ernährten sich von einem Getreidemehl, das sie Gofio nannten. Trotz des Siegeszugs von Pasta, Pommes & Co. konnte sich Gofio bis heute als Grundnahrungsmittel behaupten, das in jedem Supermarkt in vielen Varianten angeboten wird. Neben dem klassischen Gofio aus Gerste gibt es vornehmlich solchen aus Weizen und Mais – auch Kichererbsenmehl kann beigemischt sein. Gofio kann

Gofio ist ein vielseitiges Nahrungsmittel

sowohl pikant als auch süß angerichtet werden. In seiner einfachsten Form wird er mit Wasser oder Milch zu kleinen Bällchen geknetet und kalt als Frühstück gegessen. Suppen und Eintöpfen gibt er eine sämige Konsistenz. Gesüßt mit Palmhonig wird Gofio zu leckerem Konfekt, eine moderne Variante ist Gofio-Müsli, und der letzte Schrei: Gofio-Eiscreme! Der Genuss mag gewöhnungsbedürftig sein, doch richtig zubereitet ist Gofio schmackhaft und vor allem sehr vielseitig. Sagt ein Canario: „Yo como gofio" (Ich esse Gofio), so ist dies ein Zeichen dafür, dass es ihm gut geht und er sich sehr kräftig fühlt.

her als auf den Nachbarinseln entwickelten Kultur. So gibt es große Höhlenkomplexe mit Kornspeichern – wie das Cenobio de Valerón – und Grabkammern. Zudem hatten die Ureinwohner Gran Canarias auch künstlerische Ambitionen. Einzigartig ist die mit dekorativen geometrischen Mustern ausgemalte Cueva Pintada nahe der alten Königsstadt Gáldar.

Prähistorische Nekropolen

Die Guanchen bestatteten ihre Toten vorwiegend in Höhlen. Auf Gran Canaria wurden auch regelrechte Friedhöfe entdeckt. In der wie ein Wagenrad angelegten Nekropole La Guancha stießen die Archäologen auf Steinkistengräber, die wohl für das Königsgeschlecht aus der nahe gelegenen alten Guanchenmetropole Gáldar reserviert waren. Auch Hügelgräber, wie man sie von den Berberkulturen Nordafrikas kennt, wurden auf Gran Canaria gefunden. Für Paläontologen waren die im Barranco de Guayadeque entdeckten Mumienfunde eine Sensation. Zwar ist die altkanarische Technik der Einbalsamierung nicht mit der ägyptischer Mumien vergleichbar, doch gelang es mit einfachen Hilfsmitteln wie Ziegenfett und dem Harz von Drachenbäumen, die Toten über Jahrhunderte hinweg zu konservieren. Die in den kanarischen Museen ausgestellten, in Tierfelle eingehüllten Mumien sind schätzungsweise 1000 Jahre alt. Medizinisch gesehen sind auch einige der zu Hunderten ans Tageslicht beförderten Schädel außergewöhnlich. Sie weisen mit einfachen Werkzeugen aufgebohrte Löcher in der Schädeldecke auf. Die Kunst der Trepanation wurde von den Guanchen offensichtlich erfolgreich bei Krankheiten oder Kampfverletzungen praktiziert. Im Museo Canario in Las Palmas kann man sehen, dass etliche der Bohrlöcher zugeheilt sind.

Ferienwelten vom Fließband

El Sur, der Süden Gran Canarias, hat dem nicht selten wolkenverhangenen Norden

GRAN CANARIA

Entscheidendes voraus: Sonne satt und kilometerlange Strände, wie man sie auf den Kanarischen Inseln ansonsten nur auf Fuerteventura findet. Kein Wunder, dass sich der Fremdenverkehr heute fast komplett auf den Inselsüden konzentriert. An dem Küstenstrich zwischen Bahía Feliz und Maspalomas entstand binnen weniger Dekaden eine gigantische Ferienstadt, die annähernd 150 000 Gäste gleichzeitig beherbergen kann. Nirgendwo sonst auf den Kanaren konzentriert sich der Tourismus so geballt. Mit enormem Kapitalaufwand werden im Südwesten Gran Canarias immer neue Buchten touristisch erschlossen. Ehemalige Steinstrände werden mit aufgeschüttetem hellem Sand in türkisgrüne Badebuchten verwandelt, die dank der wie Zangen ins Meer greifenden Molen von keiner Welle getrübt werden. Die Playa de Amadores bei Puerto Rico ist so ein Bilderbuchstrand aus der Retorte. Großzügig setzte man Palmen und exotische Zierflora aus aller Welt in den trockenen Wüstensand, gewässert wird mit entsalztem Meerwasser. Und schon haben die Planer die Finger nach der bis dato jungfräulichen Playa de Veneguéra ausgestreckt.

Das andere Gran Canaria

Wer sich dem Rummel an der Küste allerdings entziehen will – bitte schön! Nur wenige Kilometer abseits der Hochburgen für die Sonnenanbeter zeigt die Insel ein ganz anderes Gesicht. Selbst die wie ein Fortsatz der Sahara anmutenden Wanderdünen von Maspalomas sind weitläufig genug, um sich abseits des Trubels ein stilles Plätzchen zu sichern – wenn man möchte, auch gänzlich hüllenlos. Das Inselinnere überrascht durch eine ursprünglich gebliebene Natur, wie man sie auf so kurze Distanz vielleicht nicht erwartet hätte. Vom zentralen Bergland stürzen sich Dutzende wild zerklüftete Barrancos strahlenförmig zum Meer hinab. Manche davon lassen sich nur auf holprigen Jeeppisten oder verschwiegenen Saumpfaden

01 *Cenobio de Valerón – einst ein Getreidespeicher?*
02 *Kacheln in Firgas*

01

erkunden. In den abgelegenen Schluchten hat sich eine hoch spezialisierte Endemitenflora erhalten. Auffällig ist die Säuleneuphorbie, die zwar wie ein Kaktus aussieht, botanisch jedoch ein Wolfsmilchgewächs ist. Der von Stacheln gespickte fünfkantige Stamm ist ein einziger Wasserspeicher. Er erlaubt der Pflanze, den trockenen Sommer zu überstehen. An den unzugänglichen Felswänden im Südosten wurde jüngst gar eine bis dato unbekannte Drachenbaumart entdeckt.

Bunte Marktflecken im Grünen
Je weiter man auf die vom Passat begünstigte Nordseite kommt, umso grüner präsentiert sich die Insel. Viel gerühmt ist die Mandelblüte von Tejeda, die das von einem mächtigen Gebirgsstock eingerahmte Tal mitten im europäischen Winter in ein zartrosa Blütenmeer taucht. In der einstigen Lorbeerwaldregion von Tamadaba begann man Mitte des 20. Jahrhunderts damit, die einheimische Kanarenkiefer wieder aufzuforsten. Der heute stattliche Wald weckt Assoziationen an den Hochschwarzwald und ist mit schattigen Picknickplätzen und klaren Stauseen ein beliebtes Naherholungsgebiet der Canarios. Ein wohltuender Kontrast zum trubeligen Süden sind die inmitten von fruchtbarem Kulturland gelegenen Landstädtchen. Jeden Sonntagmorgen scheint tout Gran Canaria unterwegs zu sein, um sich auf den Landmärkten in Vega de San Mateo und Teror mit knackigem Gemüse und exotischen Früchten einzudecken.

Der Küstensaum um Arucas herum ist ganz von Bananenplantagen in Beschlag genommen, auch wird noch etwas Zuckerrohr kultiviert, das in einer Destille zu hochprozentigem Rum gebrannt wird. In den Weinbergen von Monte Lentiscal werden die besten Weine der Insel gekeltert. Recht beschaulich geht es auch in Santa María de Guía und Gáldar im Nordwesten zu. Hier lässt sich noch ein Stück Alltag der Canarios beobachten.

01 Im Ortskern von Teror
02 „Das" Ereignis in Teror: Fiesta de la Virgen del Pino

01

02

03

04

05

GRAN CANARIA

72-73

„Nicht vergeblich nennt sich die Hauptstadt der Canaria Las Palmas, denn so viele Palmengruppen … sind im ganzen Archipel nirgends zu sehen … ."

Hermann Christ, Schweizer Botaniker (1886)

01 Santa Lucía mit seiner moscheeartigen Kuppelkirche
02 In Playa del Inglés dreht sich alles um das Wohl der Touristen
03 Hochbetrieb an der Playa de Maspalomas
04 Strelitzien und Kakteen brachten erst die Spanier auf die Inseln
05 Auf Tour durch Gran Canarias Bergland
06 Puerto de Mogán – Ferienanlage mit Flair

GRAN CANARIA

INFO

GRAN CANARIA

Sonnig und fruchtbar

Mit ihren attraktiven Sandstränden im Süden gehört die für den ganzen Archipel namensgebende Zentralinsel zu den beliebtesten Sonnenzielen Europas – entsprechend groß ist der Rummel. Das andere Gran Canaria versteckt sich im vom Fremdenverkehr nur wenig berührten Bergland. Und wer urbane kanarische Lebensart kennen lernen möchte, wird mit der quirligen Metropole und weltoffenen Hafenstadt Las Palmas bestens bedient.

01 LAS PALMAS

Auf den ersten Blick trägt Las Palmas (380 000 Einw.) das typische Gesicht einer spanischen Metropole: An der Peripherie monotone Wohnquartiere, im dicht auf eine Landzunge gedrängten Zentrum permanentes Verkehrschaos und Parkplätze so knapp wie Wasser in der Wüste. Im Hafenviertel blühen Prostitution, Drogenhandel und Kleinkriminalität, alles in allem also eine nicht gerade einladende Visitenkarte für eine Ferieninsel. Doch die einzige wirkliche Großstadt der Kanarischen Inseln ist ein Muss. Fast wie eine Oase mutet der koloniale Altstadtkern an. Die engen Gassen sind fein herausgeputzt, und das beste Museum der Kanaren lädt zu einem Streifzug durch die Inselgeschichte ein.

SEHENSWERT Die Keimzelle der **Vegueta** genannten Altstadt ist die **Plaza de Santa Ana**. Der von hohen Palmen beschattete Platz wird von einem Ensemble herrschaftlicher Bauten eingerahmt, die teils bis in die Eroberungsgeschichte zurückreichen. Die dem Meer zugewandte Nord-

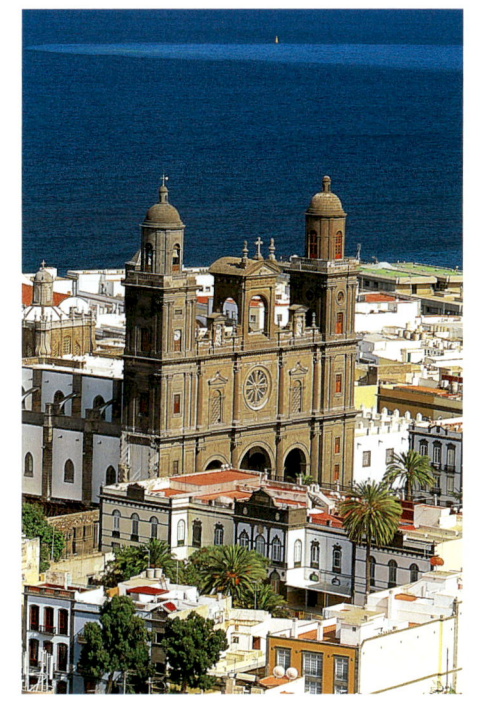

Die prächtige Catedral de Santa Ana

ostseite der Plaza dominiert die klassizistische Hauptfassade der **Catedral de Santa Ana**. An dem Bau aus dem 18. Jh. war maßgeblich der kanarische Bildhauer Luján Pérez beteiligt. Wuchtige Pfeiler tragen das fünfschiffige Rippengewölbe, unter dem der barocke Hochaltar das kostbarste Ausstattungsstück ist. In den ehemaligen Kapitelsälen um den stillen Patio de los Naranjas, den Orangenhof, zeigt das Diözesanmuseum (Mo.–Fr. 10.00–17.00, Sa. 10.00–14.00 Uhr) eine Sammlung sakraler Kunst. Nördlich von der Vegueta lohnt ein Bummel durch die **Triana**. Das alte Kaufmanns- und Handwerkerviertel ist eine viel frequentierte Shoppingmeile der Hauptstädter, schmucke Jugendstilfassaden stellen den architektonischen Rahmen. Verspielt zeigt sich das ehemalige Theater **Gabinete Literario** von 1844 an der Plaza de Cairasco, in dem heute ein exklusiver Privatclub logiert. Ein bisschen Grün spendet der vom Verkehr umtoste **Parque de San Telmo**. Der Blickfang des kleinen Platzes ist ein mit Majolikafliesen verkleidetes Jugendstilcafé. Weiter nördlich folgt der **Parque Doramas** mit typisch kanarischer Flora und dem **Pueblo Canario**. In dem „Kanarischen Dorf" lohnt das Mu-

seo Néstor einen Besuch (s. Museen). Blickfang nahe dem Hafen ist das **Castillo de la Luz**, ein Wehrbau aus dem 16. Jh., der heute für kulturelle Veranstaltungen genutzt wird.

MUSEEN Nördlich der Kathedrale steht die **Casa de Colón** (Mo.–Fr. 9.00–19.00, Sa./So. 9.00–15.00 Uhr). Das im 18. Jh. umgebaute Gebäude soll bereits Kolumbus bei seiner kurzen Stippvisite auf Gran Canaria als Schlafstatt gedient haben. Mit prächtig gearbeiteten Stuckportalen, lauschigen Innenhöfen und Mudéjar-Holzdecken ist das Haus einer der schönsten Kolonialbauten im ganzen Archipel. Exponate und Schautafeln dokumentieren die Entdeckungsgeschichte der Neuen Welt. Zeitgenössische kanarische und spanische Künstler präsentiert nur einige Straßen weiter das **Centro Atlántico de Arte Moderno** (Di.–Sa. 10.00–21.00, So. 10.00 bis 14.00 Uhr). Das renommierte **Museo Canario** (Mo.–Fr. 10.00–20.00, Sa./So. 10.00–14.00 Uhr), südlich der Plaza de Santa Ana, vermittelt einen hervorragenden Einblick in die vorspanische Epoche auf den Kanarischen Inseln. Keramikfunde, Werkzeuge aus Horn und Knochen sowie Kultobjekte machen mit der Welt der Guanchen bekannt. Gruselig anzuschauen ist eine rekonstruierte Grabhöhle mit gut erhaltenen Mumien. Im Parque Doramas versteckt sich das dem grancanarischen Maler Néstor Fernández de la Torre gewidmete **Museo Néstor** (Di.–Sa. 10.00–20.00, So. 10.30 bis 14.30 Uhr). Mit seinen erotisch eingefärbten Arbeiten leistete Néstor einen wichtigen Beitrag zum spanischen Symbolismus. Darüber hinaus machte er sich auch durch Theaterdekorationen und Trachtenentwürfe einen Namen. Jüngster Museumsspross der Hauptstadt ist das **Museo Elder** (Di.–So. 10.00–20.00 Uhr) in den ehemaligen Hafenkontoren am Parque Santa Catalina. Auf vier Etagen mit insgesamt 4500 m² Ausstellungsfläche sind wissenschaftliche und technologische Themen anschaulich aufbereitet – angefangen vom Modell einer Zugbrücke und einer alten Wassermühle bis hin zu Industrierobotern und einem Kampfjet der spanischen Luftwaffe.

STRAND Las Palmas besitzt mit der **Playa de las Canteras** mitten in der Stadt einen akzeptablen, 3 km langen Strand. Er wird von einer attraktiven Promenade gesäumt, ein vorgelagertes Riff fungiert als Wellenbrecher.

RESTAURANTS Das vielfältige kulinarische Angebot ist ein Spiegelbild der bunt zusammengewürfelten Einwohnerschaft der Hauptstadt. Einwanderer von der Peninsula brachten aus Galizien, Asturien und Katalonien ihre Regionalküchen mit, dazu gesellen sich etliche asiatische Spezialitätenrestaurants. Sehr stilvoll speist es sich im Innenhof der Casa de Montesdeoca (Calle Montesdeoca 10, Tel. 928333466) im Herzen der

Tipp

Abstieg in den Krater

Westlich des Weindorfes Santa Brígida macht die Caldera de Bandama mit dem vulkanischen Erbe Gran Canarias bekannt. Vom Kraterrand erreicht man auf einem anfangs gepflasterten Wanderweg in einer halben Stunde das verfallene Gehöft des Holländers van Damme, der im 16. Jh. auf dem Kratergrund aus Kreta eingeführte Malvasía-Rebstöcke pflanzte. Am Südrand des weiten Kessels bezeugen in den Tuff gegrabene Höhlen, dass die Caldera bereits von den Guanchen bewohnt war. Wer sich den Abstieg in den Krater ersparen will, der kann auf einem Sträßchen zum Pico de Bandama (569 m) hinauf fahren. Von dem bekannten Aussichtsgipfel bietet sich nicht nur ein guter Blick in die Caldera, sondern auch auf das ausufernde Häusermeer von Las Palmas.

INFO

Vegueta. Eine Institution ist die rustikale Tapas-Bar El Herreño (Calle Mendizábel, Tel. 928310513) nahe der Markthalle. Von den zahllosen Lokalen im Vergnügungsviertel Santa Catalina ist das südamerikanische Steakhaus El Novillo Precoz (Calle Portugal 9, Tel. 928221659, Mo. Ruhetag) eine Empfehlung wert.

EINKÄUFE Wer authentisches kanarisches Kunsthandwerk sucht, der wird im von der Inselregierung betriebenen Fedac-Laden in der Calle Domingo y Navarro fündig.

NACHTLEBEN Im Vergnügungsviertel Santa Catalina machen unzählige Musikclubs, Discos und Bars die Nacht zum Tag. Hoch her geht es vor allem in der Nacht von Samstag auf Sonntag. Viele der Szenetreffs füllen sich jedoch erst weit nach Mitternacht.

Gibt Einblick in die endemische Pflanzenwelt: Jardín Canario

Tipp

Abstecher ins Hinterland

Nur wer einen Ausflug in Gran Canarias Bergwelt gemacht hat, kann von sich sagen: Ja, ich kenne die Insel ein bisschen. Von Arguineguín führt ein Sträßchen durch eine enge Schlucht zum Stausee Soría hinauf. Die Talsperre ist pittoresk in die karge Gebirgslandschaft eingepasst. An den Ufern gedeiht ein prächtiger Pinienwald, im gleichnamigen Örtchen Soría wachsen Mandeln und Zitronen – rundum also ein Idyll, wie es schöner nicht sein könnte. Einen anderen attraktiven Zugang ins Bergland hat man von Maspalomas auf der Straße durch den Barranco Fataga zum Weiler Ayacata. Kurz nach dem beliebten Ausflugslokal „Casa Mela" zweigt eine Straße zur Embalse de Cueva de las Niñas (Stausee der Mädchenhöhle) ab. Am Nordufer laden verschiedene schattige Picknickplätze zu einer beschaulichen Rast ein.

VERANSTALTUNGEN Top-Event ist das Festival de Música de Canarias (Programminfo: www.festivaldecanarias.com) im Januar/Februar mit Gastspielen renommierter Sinfonieorchester aus ganz Europa. Ausgelassen, laut und farbenprächtig wird zwei Wochen im Februar **Karneval** ● **TOPZIEL** gefeiert. In Las Palmas geht es besonders hoch her! Einer der Höhepunkte ist die Wahl der Karnevalskönigin. Unter Weltmusikfreunden hat sich das WOMAD-Festival einen Namen gemacht, es findet jeden November im Parque Santa Catalina statt. Kanarische Folklore wird So. 11.45 Uhr (Eintritt frei) im Pueblo Canario im Parque Doramas gezeigt.

UMGEBUNG Im Vorort **Tafira Alta** bietet der Jardín Canario Viera y Clavijo (tgl. 9.00–18.00 Uhr, der Eintritt ist frei) einen ruhigen Gegenpol zur quirligen Hauptstadt. In dem 1952 angelegten Garten ist vornehmlich kanarische Flora vertreten, darunter sind auch etliche vom Aussterben bedrohte Arten. Den Haupteingang am unteren Teil des Gartens erreicht man über die Autobahnausfahrt La Calzada.

INFORMATION

Patronato de Turismo, Calle León y Castillo 17, Tel. 928362222, Mo.–Fr. 9.00–15.00 Uhr

02 TELDE

Die Region um Telde galt in vorspanischer Zeit als der bedeutendste Siedlungsraum der Guanchen. Mit 97 000 Einwohnern ist Telde heute die zweitgrößte Stadt Gran Canarias und wichtiges bäuerliches Zentrum. Hinter dem Industriegürtel an der Peripherie überrascht eine gut erhaltene Altstadt, die ein bisschen zu Unrecht abseits der touristischen Pfade liegt.

SEHENSWERT Ein prachtvolles gotisches Portal lädt in die Johannes dem Täufer geweihte **Basílica de San Juan Bautista** ein. Im Innern der Kirche findet sich ein reich mit Gold verziertes flämisches Altarbild eines unbekannten Meisters, das Szenen aus dem Marienleben zeigt und einer der bedeutendsten Schätze sakraler Kunst auf den Kanaren ist.

UMGEBUNG In den Höhlen **Cuatro Puertas**, 5 km südlich von Telde, tagten einst die alten Guanchenhäuptlinge. Die etwa 7 x 17 m große Haupthöhle verdankt ihren Namen den in den weichen Tuffstein gehauenen vier großen Eingängen. Auf dem Hügel über der Höhle sind Reste eines Opferaltars erhalten.

03 PLAYA DEL INGLÉS

Mit den Nachbarn Maspalomas und San Agustín ist Playa del Inglés zu einer gigantischen Ferienstadt zusammengewachsen. Der Badeort ist ein Kind der Schönwettergarantie, wie sie auf Gran Canaria nur der Süden bieten kann. In der lebhaften Hotelstadt fühlt sich vor allem ein preisbewusstes Publikum wohl, das auch das gute Sport-, Freizeit- und Unterhaltungsangebot zu schätzen weiß.

STRAND Die **Playa del Inglés** erhielt ihren Namen von den vornehmlich englischen Gästen aus der Pionierzeit des Kanarentourismus. Mancherorts ist die feinsandige, 6 km lange Playa mehrere hundert Meter breit. Das muss sie auch sein, sonst könnte sie den Ansturm der Badegäste nicht aufnehmen.

SPORT An der Playa del Aguila in San Agustín verleiht Side Shore (Tel. 928762958) Surf-Equipment und bietet Kurse für Einsteiger und Fortgeschrittene an. Das Windsurfzentrum wird von der dänischen Familie Dunkerbeck geleitet, deren Spross Björn es zu Weltmeisterehren gebracht hat. Professionelle Rennräder und Mountainbikes sind bei Happy Biking (Tel. 928766832) im Hotel IFA Continental zu haben.

RESTAURANTS Das Angebot ist riesig, doch nicht überall zufriedenstellend. Eine solide Adresse ist La Casa Vieja (Carretera de Fataga, Tel. 928762736) am nördlichen Stadtrand mit bezahlbaren Grillgerichten. Im Bali (Avda. de Tirajana 23, Tel. 928763261) wird gute indonesische Küche aufgetischt – ein Genuss, auch fürs Auge, ist die Reistafel.

NACHTLEBEN Die quirlige Disco- und Clubszene von Playa del Inglés ist weit über die Insel hinaus bekannt. Die angesagtesten Hot Spots befinden sich rund um das Einkaufszentrum Kasbah. Die größte Gay-Szene unter südlicher Sonne ist im Yumbo Center zu Hause.

INFORMATION
Centro Insular de Turismo,
Yumbo Center, Tel. 928771550,
Mo.–Fr. 9.00–21.00, Sa. 9.00–13.00,
im Sommer Mo–Fr. 9.00–14.00 und 15.00–20.00,
Sa. 9.00–13.00 Uhr

04 MASPALOMAS

Maspalomas steht auf Gran Canaria für gehobenen Tourismus. Rund um den Leuchtturm an der Südspitze der Insel kümmern sich etliche Strandhotels der Vier- und Fünf-Sterne-Kategorie um das Wohl der Gäste. Im Hinterland haben sich weiträumige Bungalowsiedlungen breit gemacht.

STRAND Die **Playa de Maspalomas** begeistert durch ihren landeinwärts angrenzenden Dünengürtel, die bis zu 25 m hohen **Dunas de Maspalomas** ⦿ **TOPZIEL**. Ein Teilstück des mehr als 2 km langen Sandstrandes ist als FKK-Zone ausgewiesen, auch in den Dünen ist hüllenloses Sonnenbaden üblich.

SPORT Praktisch vor der Haustür der großen Hotels und direkt an die Dünen angrenzend liegt der bereits 1968 eröffnete 18-Loch-Parcours Campo del Golf Maspalomas (Tel. 928762581).

RESTAURANTS Die meisten Gäste buchen Maspalomas mit Halbpension, so dass die Gastronomieauswahl außerhalb der Hotels eher bescheiden ausfällt. Gute Fischküche nach baskischer Art wird im Amaiur (Avenida de Neckermann 47, Tel. 928764414, So. Ruhetag) geboten.

UMGEBUNG Im Sommer 2007 zerstörte ein Brand den **Palmitos Park**. Seine Tore öffnete er wieder im August 2008. Er ist mit einer Mischung aus Tierpark, botanischem Garten und Shows Gran Canarias schönster Themenpark.
An der Straße nach Fataga befindet sich **Mundo Aborigen**, ein weitläufiges Freilichtmuseum (tgl. 10.00–18.00 Uhr), das mit der Welt der kanarischen Ureinwohner bekannt macht. Mehrmals täglich stehen Vorführungen im Stockfechten und kanarischen Ringkampf auf dem Programm. Fährt man weiter nordwärts, so erreicht man über die Ortschaft San Bartolomé de Tirajana das hübsche Bergdorf **Santa Lucía** mit auffallender weißer Kuppelkirche und kleinem privatem Museum beim Restaurant Hao. Zu den Schätzen der Sammlung gehört eine römische Amphore (3. Jh. n. Chr.). Hafenatmosphäre kann man dagegen 10 km westlich von Maspalomas im Fischerdorf **Arguineguín** schnuppern (gute Fischrestaurants mit Blick auf Hafen und Meer).

INFORMATION
siehe Playa del Inglés

05 PUERTO RICO

Mit rund 30 000 Gästebetten platzt die zweitgrößte Ferienstadt Gran Canarias aus allen Nähten. Rund um einen breiten Schluchtausgang staffeln sich strahlend weiße Apartmenthäuser die Hänge hinauf. Viel Flair darf in der künstlichen Ferienstadt nicht erwartet werden. Dafür machen zwei Jachthäfen, Segel- und Tauchschulen den „Reichen Hafen" zum besten Wassersportplatz der Inselgruppe. Das Leistungszentrum der spanischen Segler brachte schon so manchen Olympiasieger hervor.

STRÄNDE Die kinderfreundliche **Playa de Puerto Rico** ist durch Molen vor der Brandung geschützt und fällt flach ins Meer ab. In der Hauptsaison ist der wie eine Sichel geformte goldgelbe Sandstrand allerdings rappelvoll. Für Entlastung sorgt die durch einen schönen Küstenweg mit Puerto Rico verbundene **Playa de Amadores**. Kokospalmen und türkisgrünes Wasser geben dem Traumstrand karibisches Flair.

BOOTSAUSFLUG Von Puerto Rico aus unterhält die Reederei Líneas Salmón preiswerte Linienverbindungen mehrmals täglich nach Arguineguín und Puerto de Mogán. Darüber hinaus kann man mit Katamaranen und Segelschiffen Küstenexkursionen und Hochseefischtouren unternehmen.

INFORMATION
Fomento de Turismo, Avenida de Mogán s/n,
Tel. 928158804. Mo.–Fr. 8.00–13.30
(im Winter bis 14.30 Uhr)

06 PUERTO DE MOGÁN

Der schmucke Ferienort an der Südwestküste entstand vor 20 Jahren aus einem kleinen Fischerdorf. Lange Zeit galt Puerto de Mogán als beispielgebend für moderne Tourismusplanung und hat bis heute nichts von seiner ganz speziellen Atmosphäre verloren. Die zweistöckigen Bungalows mit pastelligen Zierstreifen gruppieren sich um einen schmucken Jachthafen, die autofreien Straßen sind üppig mit Hibiskussträuchern und rankenden Bougainvilleen geschmückt. Venezianisch anmutende Brücken spannen sich über die schmalen Wasserstraßen des ein Stück weit ins Meer gebauten Feriendorfs.

RESTAURANTS Am Jachthafen wetteifern etliche gute bis sehr gute Terrassenlokale um die Gunst der vielen Tagesausflügler. Gehobene Fischküche zelebriert die Seemuschel, La Caracola (Tel. 928565486, Juni–Sept. geschl., Reservierung erwünscht).

SPORT Die deutsch geführte Segelschule Sail & Surf Overschmidt (Tel. 928565292) ist anerkannte Ausbildungsstätte für den Sportbootführerschein. Für Segel-Einsteiger werden Schnupperkurse angeboten.

BOOTSAUSFLUG Vom Jachthafen bieten Katamarane Minikreuzfahrten entlang der Westküste an.

Eines der vielen Restaurants in Playa del Inglés

INFO

WANDERUNG Von dem Weiler Tasartico führt ein abenteuerlicher Steig zu dem nur zu Fuß oder per Schiff erreichbaren Traumstrand **Playa de Güigüi**, nordwestlich von Puerto de Mogán. Den Ausgangspunkt findet man auf der Straße in Richtung San Nicolás. Knapp einen Kilometer unterhalb von Victor's Bar beginnt ein markierter Pfad. An reiner Gehzeit sind für die anspruchsvolle Tour mit langen An- und Abstiegen mindestens 5 Stunden einzuplanen, doch der Weg lohnt!

07 PUERTO DE LAS NIEVES

Der kleine Hafenort ist ein viel besuchtes Ausflugsziel. An sonnigen Wochenenden ist in den Fischlokalen nahe der Mole kaum ein freies Plätzchen zu ergattern.

SEHENSWERT Vom schwarzen Kieselstrand aus schaute man auf die aus dem Meer herausragende Felsnadel **Dedo de Dios** (Finger Gottes) – ehe im Jahr 2005 der Herbststurm Delta den sechs Meter hohen „Finger" des bizarren Felsens abbrach. Oberhalb des Hafens sind die beiden hübschen Türme der **Ermita de Nuestra Señora de las Nieves** ein Blickfang. Das ursprünglich in der Kapelle untergebrachte Triptychon des flämischen Meisters Joos van Cleve befindet sich derzeit in der Pfarrkirche von Agaete (Besichtigung nur nach Absprache mit dem Priester möglich).

VERANSTALTUNG Die Bajada de la Rama am 4. August geht auf eine vorspanische Regenbittzeremonie zurück. Mit Kiefernzweigen wird das Meer ausgepeitscht, um auf den Himmel einzuwirken, dass er Regen spenden möge.

FÄHRE Eine Autofähre sorgt mehrmals täglich für eine Verbindung mit Santa Cruz de Tenerife.

UMGEBUNG Vom östlichen Nachbarort Agaete führt eine Straße in den wasserreichen **Barranco de Agaete**. Sie endet nach 8 km bei der Häusergruppe Los Berrazales. Am Wochenende herrscht hier Hochbetrieb, dann nämlich ist der Barranco beliebtes Ausflugsziel der Insulaner.

08 GÁLDAR

Innerhalb des gesamten Kanarischen Archipels nimmt Gáldar eine besondere Stellung ein, befinden sich doch hier zwei der bedeutendsten Hinterlassenschaften der Guanchen. Ansonsten bekommt man in dem Städtchen mit seinen 23 000 Einw. einen Eindruck vom typisch kanarischen „way of life".

Tipp

Rätselhafte Höhlen

Auch wenn man das nahe der Nordküste gelegene Cenobio de Valerón bereits von einer Postkarte kennt: In natura wirkt das unter einem 25 m hohen Basaltüberhang versteckte Höhlenlabyrinth gewaltig. Die durch schmale Gänge und Treppen miteinander verbundenen rund 300 Kammern sind wie Bienenwaben in die vulkanische Tuffwand eingelassen. Wozu der Höhlenkomplex den Altkanariern diente, ist reine Spekulation. Frühe Chronisten berichteten, dass er eine Art Kloster beherbergte, in dem unverheiratete Mädchen mit einer kalorienreichen Kost auf ihre ehelichen Pflichten vorbereitet wurden. Die üppige Verpflegung sollte dazu dienen, dass sie gesunde Kinder gebaren. Wahrscheinlicher ist, dass man die Höhlen als Kornspeicher brauchte. Für Wohnzwecke wurden sie jedenfalls nicht genutzt. Cenobio de Valerón liegt etwa 4 km östlich von Santa María de Guía (Di.–So. 10.00–16.00 Uhr).

SEHENSWERT Mittelpunkt des Städtchens ist die Plaza de Santiago mit der **Iglesia de Santiago de los Caballeros** aus dem 18./19. Jahrhundert. Wegen ihrer Malereien nimmt die **Cueva Pintada** – man fand auf keiner anderen Kanareninsel etwas Vergleichbares – einen besonderen Status ein. Nach jahrelanger Schließung steht die Höhle wieder für die Öffentlichkeit offen (Di.-Sa. 9.30–20.00, So. 11.00–20.00; die Besichtigung ist nur im Rahmen einer geführten Tour möglich; Führungen in deutscher Sprache um 14.30 Uhr.). Dem archäologischen Komplex ist ein Museum angeschlossen, in dem ein dreidimensionaler Animationsfilm zur Inselgeschichte angeboten wird.

UMGEBUNG Der Fischerort **Sardina**, 6 km nordwestlich, ist für seine Fischrestaurants bekannt. 2 km nördlich von Gáldar befindet sich bei El Agujero die Nekropole **La Guancha**. Bei der Freilegung 1934 fand man in den Grabkammern 30 Mumien, die Ende des 11. Jhs. einbalsamiert worden waren.

09 ARUCAS

Rund 14 km westlich von Las Palmas liegt inmitten von weitläufigen Bananenplantagen die mit 34 000 Einw. drittgrößte Stadt Gran Canarias. Die noblen Bürgerhäuser in der Altstadt stehen unter Denkmalschutz.

SEHENSWERT Die Stadt wird von den weithin sichtbaren neugotischen Türmen der **Iglesia San Juan Bautista** überragt. Als Baumaterial für die auch Kathedrale genannte Kirche diente graues Vulkangestein aus der Region. Die erste Messe las man 1917, doch die Arbeiten an dem letzten der vier Spitztürme wurden erst in den 1970er-Jahren beendet. Hübsch ist das große Rosettenfenster über dem Hauptportal. Die Hauptstraße Calle Gourié führt zum Rathaus auf der Plaza de la Constitución. Am westlichen Stadtrand kann man die Rumfabrik **Arehucas** (Mo.-Fr. 9.00–14.00 Uhr, Eintritt frei) besichtigen. Beeindruckend ist ein Gang durch die mit großen Eichenholzfässern gefüllte Halle, in denen der Rum ausreift. Zum Abschluss der Tour darf der hochprozentige Stoff verkostet werden.

AUSSICHTSPUNKT Das beste Panorama über Arucas und die Nordküste genießt man von der **Montaña de Arucas** (412 m). Hinter der Kathedrale führt ein ausgeschildertes Sträßchen auf den Aussichtsberg hinauf.

UMGEBUNG Das Städtchen **Firgas**, 8 km westlich von Arucas, ist für sein Mineralwasser bekannt. Ein beliebtes Fotomotiv ist der von schmucken Kachelbänken gezierte Paseo de Gran Canaria, in dessen Mitte eine Wassertreppe hangabwärts strömt.

10 TEROR

Das beschauliche Landstädtchen (12 200 Einw.) an der Nordabdachung des Zentralmassivs ist ein wichtiger Marktflecken und zugleich ein bedeutender Wallfahrtsort. Einer Legende zufolge erschien im Jahr 1481 den Hirten des Ortes in der Baumkrone einer Pinie die Jungfrau Maria.

SEHENSWERT Am Ende der von kanarischen Holzbalkonen gezierten Häuserfront der Calle Real steht die **Basílica de Nuestra Señora del Pino**. Das klassizistische Erscheinungsbild der dreischiffigen Wallfahrtskirche geht auf das Jahr 1767 zurück. Zentrum der Verehrung ist eine meterhohe Statue der „Jungfrau von der Pinie", sie befindet sich unter einem Baldachin über dem Hauptaltar.

MUSEUM Gegenüber der Wallfahrtskirche macht das ethnographische Museum **Casa Museo de los Padrones** (Mo.–Fr. 11.00–18.00, So. 10.00–14.00 Uhr) mit der Wohnkultur des kanarischen Adels bekannt. Die kleinen Räume des Stadthauses aus dem 17. Jh. sind mit Antiquitäten, Porzellan und Porträts der Adelsfamilie der Manriques de Lara gefüllt.

EINKÄUFE Jeden Sonntagvormittag wird rund um die Basilika Markt gehalten. Angeboten werden Kunsthandwerk und landwirtschaftliche Produkte aus der Region. Der Ort ist für seine Käse- und Wurstspezialitäten bekannt.

11 TEJEDA

Eine gute Anlaufstelle im Zentralmassiv ist das fast 1000 m ü.d.M. gelegene Bergdorf **Tejeda**. Von seiner besten Seite zeigt sich der Ort zur Zeit der Mandelblüte im Februar.

VERANSTALTUNG Im Februar wird mit Timpleklängen und Tanz das Mandelblütenfest gefeiert. Über den genauen Termin informieren die Touristenbüros in den Ferienorten.

UMGEBUNG Südwestlich von Tejeda überragt der **Roque Bentayga** (1404 m) die bizarre Gebirgslandschaft. Wer trittsicher ist, kann vom Besucherzentrum am Fuß des Vulkanschlots auf einem Saumpfad in 20 Minuten zu einem Kultplatz der Guanchen am Sockel des Monolithen aufsteigen. Vom Bentayga bietet sich eine grandiose Aussicht auf den **Roque Nublo** (1803 m) südlich von Tejeda. Das Wahrzeichen Gran Canarias kann vom Parkplatz an der Straße Ayacata-Cueva Grande auf einer leichten Wanderung auch von ganz nah in Augenschein genommen werden. Das **Cruz de Tejeda**, 6 km nordöstlich von Tejeda, markiert die höchste Stelle der Passstraße im Zentrum der Insel (1490 m).

12 ARTENARA

Auf 1250 m ü.d.M. ist Artenara die höchstgelegene Ansiedlung Gran Canarias. Der Ort ist weithin als das Höhlendorf bekannt. Viele der Einwohner leben in mittlerweile komfortabel ausgebauten Grotten, etliche der in den weichen Tuff gegrabenen Wohnhöhlen werden auch als Feriendomizil vermietet.

SEHENSWERT Im Ortskern führt von der Pfarrkirche San Matía ein Treppenweg zu einer Höhlenkapelle (**Iglesia de la Virgen de la Cuevita**) hinauf. Die gut 8 m weite Höhle beherbergt eine auf einem Steinaltar stehende Marienfigur, die im 15. Jh. von Franziskanermönchen auf die Insel gebracht worden sein soll.

RESTAURANT Durch einen Fußgängertunnel erreicht man am anderen Ende des Ortes das Höhlenlokal La Silla (Camino de la Silla 9, Tel. 92866108). Von der Restaurant-Terrasse ergibt sich ein atemberaubender Ausblick in die Caldera von Tejeda und aufs Gebirge.

Tipp

Schlammschlacht

San Nicolás an der Westküste ist Schauplatz der größten Schlammschlacht der Insel. Der Brauch geht auf das Jahr 1766 zurück, als der damalige Bischof den Ort besuchte und die leicht bekleideten Dorfbewohner bei einem ausgelassenen Bad überraschte. Der fromme Mann exkommunizierte daraufhin kurzerhand das ganze Dorf. Seither wird jedes Jahr am 10. September unter großem Gedränge und Geschubse das Baderitual in dem schlammigen Tümpel wiederholt – wohlgemerkt in voller Montur. Der Clou: Nebenbei läuft noch ein interessanter Wettbewerb. Gewonnen hat, wer mit bloßen Händen oder einem Netz die meisten Fische fängt.

„Schaumparty" in Artenara

Nicht versäumen!

KULTUR

Metropole mit heimeliger Altstadt
Kathedrale, Bischofspalast und Rathaus an der Plaza de Santa Ana zeugen in Las Palmas vom Glanz der vergangenen Epoche. Ein paar Schritte weiter macht das Kolumbushaus mit den Reisen des großen Entdeckers bekannt.

Siehe Nr. **01**

ERLEBEN

Die Narren sind los
Ein Spektakel der besonderen Art ist das Finale des Karnevals am Aschermittwoch, wenn in einem großen Umzug die närrische Zeit hinter einer riesigen Sardine von vornehmlich männlichen „Klageweibern" zu Grabe getragen wird.

TOPZIEL Siehe Nr. **01**

NATUR

Die Wüste vor der Haustür
Mit einem Spaziergang durch die haushohen Wanderdünen von Maspalomas kann man sich eine Reise in die Sahara sparen. Ein Teil des streng geschützten Naturreservats zwischen Strand und Ort ist als FKK-Zone ausgewiesen.

TOPZIEL Siehe Nr. **04**

ARCHITEKTUR

Nur die Gondeln fehlen!
Klein Venedig: Das ins Wasser gebaute Ferienquartier in Puerto de Mogán war vor 20 Jahren Modellprojekt einer modernen Ferienstadt – schön ist die autofreie und mit subtropischen Gewächsen geschmückte Anlage immer noch.

Siehe Nr. **06**

KULTUR

Präspanische Kunst
Vom Kunstschaffen der Ureinwohner Gran Canarias blieb nur wenig erhalten. Einzigartig sind die mit geometrischen Mustern bemalten Wände der Cueva Pintada in der alten kanarischen Königsstadt Gáldar.

Siehe Nr. **08**

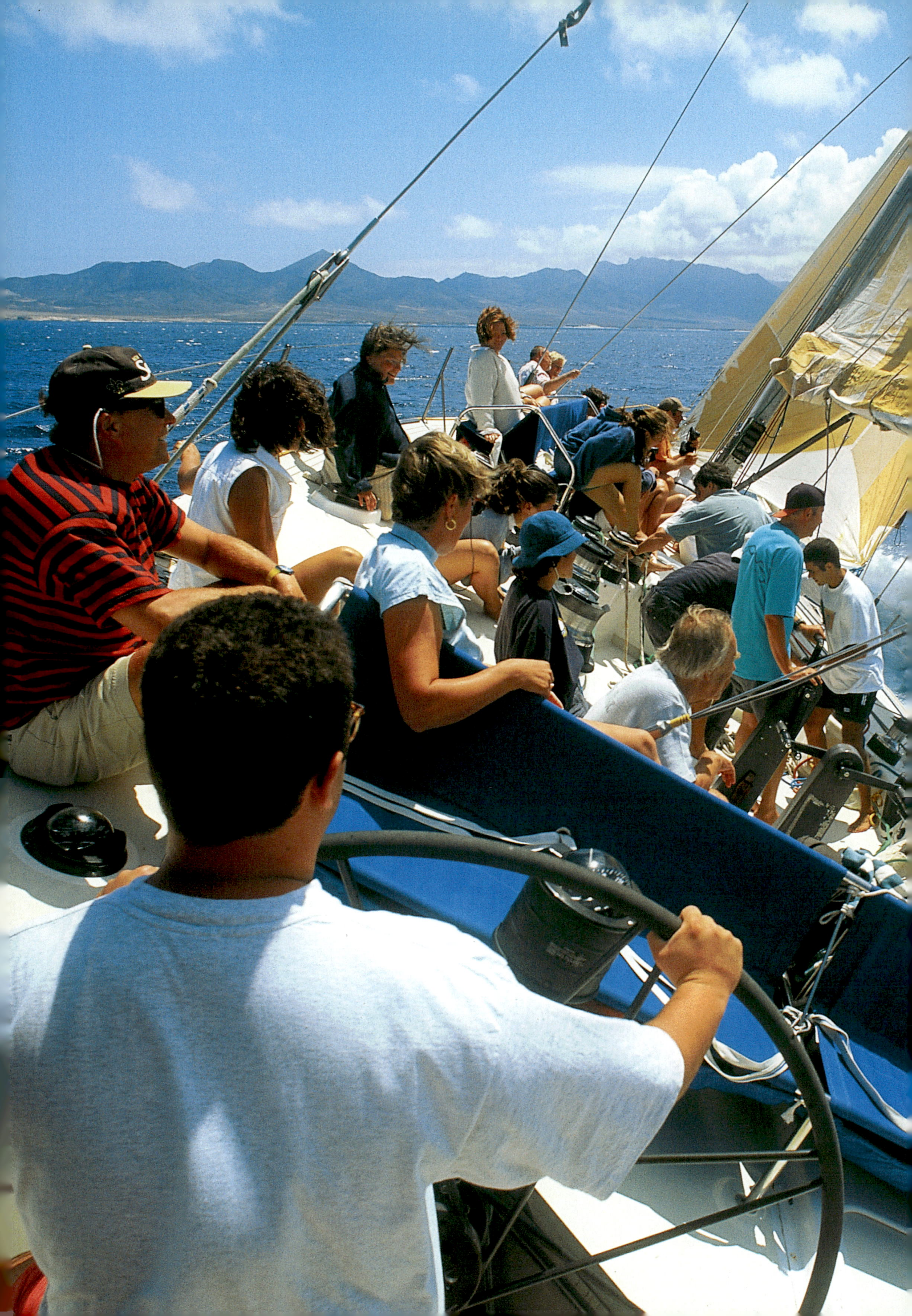

FUERTEVENTURA

80–81

Wind, Wellen und Wüste

Klassische Sehenswürdigkeiten sind auf Fuerteventura dünn gesät. So fällt es leicht, sich auf das zu konzentrieren, wofür die Insel bekannt geworden ist: Goldgelbe Sandstrände vom Allerfeinsten katapultierten die der nordafrikanischen Küste vorgelagerte Insel in die erste Reihe der Sonnenziele. Als Bade- und Surferparadies hat Fuerte, wie Stammgäste von „ihrer" Insel sprechen, eine Blitzkarriere hingelegt. Windsurfer nennen die Insel in einem Atemzug mit Hawaii, aber auch Segler kommen auf ihre Kosten.

Der beständig wehende Nordostpassat garantiert auch vor Fuertes Südküste immer eine frische Brise.

01

02

FUERTEVENTURA

82–83

Flächenmäßig ist Fuerteventura nach Teneriffa die zweitgrößte Insel im Archipel, mit knapp 95 000 Einwohnern ist sie dafür nur ausgesprochen dünn besiedelt. Die spanischen Herren wussten vor 600 Jahren zunächst nicht allzu viel mit ihrer neuen atlantischen Besitzung anzufangen. Die Fama des schon von antiken Dichtern viel besungenen und für die Kanaren sprichwörtlich gewordenen „ewigen Frühlings" mochte wohl stimmen. Doch ein Paradies, ein Garten Eden, in dem es überall blüht und gedeiht? Nein, Fuerteventura zumindest konnte damit wohl kaum gemeint sein.

Von Sklaven und Piraten

Nach der Conquista waren neue Siedler kaum auf die unwirtliche Insel zu holen – manche Leute wollten das als wertlos erachtete Land nicht einmal geschenkt. Zur Lösung des Arbeitskräftebedarfs unternahm man Sklavenrazzien entlang der nordafrikanischen Küste. Mit den Mauren wurden quasi als Zubrot gleichzeitig als Zugtiere gehaltene Dromedare mitgebracht. Beim Anblick der Wüsteninsel ist kaum zu glauben, dass Fuerteventura frü-

> *„Eine Oase in der Wüste der Zivilisation"*
>
> Miguel de Unamuno

her dennoch eine der Kornkammern des Archipels gewesen sein soll. Doch wehe, der Winterregen blieb einmal aus. Manchmal regnete es mehrere Jahre hintereinander nicht. Dürreperioden brachten dann Armut und Hunger. Wer konnte, kehrte der Insel den Rücken und suchte sein Glück auf den Nachbarinseln oder in den neuen prosperierenden Kolonien in Südamerika. Verfallene Geisterdörfer im Inselinneren zeugen von der bis heute anhaltenden Landflucht. Zudem versetzten in den Gewässern kreuzende Piraten die Bevölke-

01 *Windmühle von Antigua*
02 *Der Aussichtsgipfel Mirador Morro Velosa*
03 *Die alte Inselmetropole Betancuria*
04 *Grandioser Blick auf das kahle Bergland*

01

02

FUERTEVENTURA

rung immer wieder in Angst und Schrecken. 1593 brannten Mauren die Hauptstadt Betancuria nieder. Und 1740 konnte ein Angriff englischer Korsaren nur durch das beherzte Auftreten einer mit Dreschflegeln und Heugabeln bewaffneten Bauernwehr abgewendet werden.

Der verbannte Poet

Eine „Oase in der Wüste der Zivilisation", so charakterisierte der baskische Dichter Miguel de Unamuno (1864–1936) Fuerteventura. Der freiheitlich gesinnte Querdenker und Rektor der angesehenen Universität von Salamanca kam ganz unfreiwillig auf die Insel. Unter dem Militärregime von Primo de Rivera äußerte sich Unamuno kritisch über den Diktator, der ihn daraufhin kurzerhand auf das entlegene Fuerteventura verbannte. Die spröde Natur der Wüsteninsel und die einfachen Menschen schienen den Dichter schöpferisch zu beflügeln. Er verfasste glühende Gedichte. Vor allem der in den Küstenzonen in großen Beständen vorkommende Dornlattich hatte es ihm angetan – für Unamuno die „vollkommene Inkarnation der Insel". Vier Monate streifte Unamuno kreuz und quer über die Insel, bis ihm im Sommer 1924 auf einem Frachtschiff die Flucht ins französische Exil gelang. Am Fuß der Montaña Quemada erinnert ein Denkmal an den großen spanischen Dichter, in Puerto del Rosario gibt ein Museum Einblick in sein Lebenswerk.

Strände ohne Ende

Für einen lupenreinen Strandurlaub mit Badespaß und Sonne satt rund ums Jahr ist Fuerte bestens gerüstet. FKK-Fans können lediglich mit einem Sonnenhut auf dem Kopf stundenlang am Strand entlangwandern. Insgesamt warten 55 km feinste Sandstrände darauf, entdeckt zu werden. Das Strandparadies schlechthin ist die Halbinsel Jandía. An der goldgelben Playa de Sotavento lässt es sich in der von einer schmalen Nehrung abgetrennten Flach-

01 Ermita de la Peña bei Vega de Río de las Palmas
02 Ein hübscher Fischerort: Las Playitas
03 Jachthafen von Caleta de Fuste

01

02

03

FUERTEVENTURA

SPECIAL Insel Lobos

Robben gaben den Namen

Vom Hafen Corralejo ist es nur ein Katzensprung zu der in der Meerenge zwischen Fuerteventura und Lanzarote platzierten Insel Lobos. Täglich verkehrende Ausflugsboote benötigen für die Überfahrt nur 20 Minuten.

Das 6 km² große Eiland verdankt seinen Namen einer Kolonie von Mönchsrobben, die sich einstmals zu Hunderten in der Meerenge tummelten. Danach nutzten Piraten und Schmuggler jahrhundertelang den unbewohnten Flecken als Unterschlupf. Heute ist die bizarre Landschaft als Naturpark geschützt. Dutzende von Minikratern, die wie überdimensionale Maulwurfshügel die Landschaft überziehen, drücken der Insel ihren eigenwilligen Stempel auf. Lobos lässt sich nur zu Fuß entdecken und kann auf sandigen Wegen in zwei bis drei Stunden umrundet werden. Lohnende Ziele sind der Leuchtturm an der Nordspitze, von dem sich zur Südküste von Lanzarote schauen lässt. Gipfelstürmer zieht es auf die 123 m Meter hohe Montaña de Lobos, für den kurzen Aufstieg sollte man trittsicher sein. Vom Rand des Vulkankraters sind gleich drei Inseln im Blick. Nahe beim Bootsanleger gibt es eine Badebucht.

wasserlagune wie im Watt spazieren. An der Playa del Matorral an der Südküste ist die Brandung recht harmlos und bietet optimale Badebedingungen. Kein Wunder, dass gerade dort die Ferienstadt Jandía Playa aus dem Boden gestampft worden ist, deren klotzige Hotels und Clubanlagen sich nicht gerade vorteilhaft ins Landschaftsbild einfügen. Doch die Playa del Matorral ist weitläufig genug, um selbst in der Hauptsaison den Ansturm der Badegäste wegzustecken. Die Luvseite der Halbinsel ist dagegen völlig unerschlossen und unbebaut, und das soll auch so bleiben. Die langen Strände von Cofete und Barlovento stehen unter Naturschutz – ein einzigartiges Revier für kilometerlange Strandwanderungen. Oft trifft man hier keine Menschenseele. Einsamkeit pur!

Surferparadies

Dass auf den Nordostpassat Verlass ist, wusste bereits Kolumbus zu schätzen, der mit dem beständigen Wind bis nach Amerika segelte. Ablandige Winde bescheren Fuerteventura vor allem im Sommer optimale Surfbedingungen. Meist baut sich der Wind im Lauf des Tages auf, um nachmittags zu voller Kraft aufzulaufen.

In der Starkwindzone von Playa Barca zeigt die Weltelite, was sie kann. Das erste Weltcuprennen wurde dort bereits 1983 ausgetragen, seither macht der internationale Profizirkus jeden Sommer auf Fuerte Station. Auf den Speedpisten können Spitzengeschwindigkeiten von 80 km/h erreicht werden. Freestyler heben mehrere Meter hoch ab und drehen akrobatische Loopings und Pirouetten. Außer zu den Szenetreffs auf der Halbinsel Jandía zieht es die Cracks an das North Shore zwischen Flag Beach und El Cotillo. Hier brechen sich haushohe Monsterwellen. Angesichts der ungestümen Wasserkraft bleibt dem Laien lediglich ein staunendes Kopfschütteln, wie angesichts solcher Verhältnisse überhaupt an Wassersport zu denken ist. Doch man muss nicht unbedingt ein Surf-Crack sein, um seinen Spaß auf Fuerte zu haben. Weniger anspruchsvolle Reviere erlauben auch Einsteigern, sich behutsam mit Wind und Wasser anzufreunden. Optimal sind die Bedingungen für Anfänger in der Bucht von Caleta de Fuste. Der Ort hat sich mit zwei 18-Loch-Plätzen samt noblen Golfhotels auch bei Golfspielern einen Namen gemacht.

01 *Feinster Sand, glasklares Wasser – Fuertes Strände sind wunderschön*
02 *Eine Promenade verbindet Morro Jable und Jandía Playa*
03 *Surfer an der Playa Barca bei Costa Calma*
04 *Eine Inselspezialität: Ziegenkäse*
05 *Playa Barca bei Costa Calma*

FUERTEVENTURA

INFO

FUERTEVENTURA

Vom Winde verweht

Fuerteventura wartet mit einem der besten Strandreviere Europas auf und avancierte dank besonderer Windverhältnisse zu einem Dorado der Wind- und Kitesurfer. Nahe der Dünenstrände im Norden und an den weitläufigen Sandstränden der Halbinsel Jandía sind ganz auf den Badetourismus ausgerichtete große Ferienzentren entstanden. Das karge Bergland ist dagegen nur dünn besiedelt und hält für Biker und Wanderer so manche Entdeckung bereit.

01 PUERTO DEL ROSARIO

Dank seines geschützten Naturhafens an der Ostküste wurde das ehemalige Puerto del Cabra 1860 Verwaltungssitz der Insel. Das trotz der inzwischen 31 000 Einwohner eher verschlafen wirkende Städtchen zieht nur wenige Besucher an.

MUSEUM Gegenüber der Pfarrkirche Nuestra Señora del Rosario informiert die **Casa Museo Unamuno** (Mo.–Fr. 9.00–14.00 Uhr) über den baskischen Schriftsteller und Philosophen Miguel de Unamuno, der in dem ehemaligen Stadthotel seine Verbannungszeit auf der Insel verbrachte.

Tipp

Vom Geisterdorf zum Freilichtmuseum

Mit Mitteln der Europäischen Union hat man in Tefía acht Landhäuser, eine Kapelle und zwei Windmühlen vor dem Verfall gerettet und in ein schmuckes Freilichtmuseum verwandelt. Besonders schön: Die Häuser sind aus mörtellosen Mauern erbaut, manche tragen ein Lehmdach. Sie beherbergen unter anderem eine Schreinerei, Schlosserei und sonstige handwerkliche Werkstätten. An der Rezeption bekommt man einen Lageplan in die Hand gedrückt und kann damit derzeit fünf der Gebäude besichtigen (Ecomuseo de la Alcogida, Di.–Sa. 10.00–18.00 Uhr).

INFORMATION
Patronato de Turismo,
Avda. Almirante Lallermand,
Tel. 928530844,
Mo.– Fr. 8.00–15.00, im Sommer 8.00–14.00 Uhr

02 LA OLIVA

Einst gab es hier Olivenhaine. Heute wird in La Oliva das Geld mit dem Tourismus verdient, denn der Ort ist Verwaltungssitz für den nördlichen Gemeindebezirk mit dem Touristenzentrum Corralejo.

SEHENSWERT In der **Casa de los Coroneles** residierten einstmals die Militärgouverneure der Insel. Nach gelungener Restaurierung wurde der mit Zinnen bewehrte Gutshof 2006 vom spanischen Königspaar neu eingeweiht und soll nun ein Kulturzentrum werden. Die dreischiffige Pfarrkirche **Nuestra Señora de Candelaria** von 1711 gefällt durch das Renaissanceportal.

MUSEEN Die **Casa Mané** zeigt Plastiken und Gemälde kanarischer Künstler (Mo.–Sa. 10.30 bis 14.00 Uhr). Im ehemaligen Zehnthaus **La Cilla** (Di.–Sa. 10.00–18.00 Uhr) an der Straße nach El Cotillo ist ein kleines ethnografisches Museum untergebracht.

UMGEBUNG Rund 15 km südlich von La Oliva sollte man im schlichten Dorf **Tefía** Station machen und das Ecomuseo de la Alcogida besichtigen (siehe Tipp links).

03 CORRALEJO

Der boomende Ferienort (11 000 Einw.) an der Nordküste bietet Platz für mehr als 25 000 Feriengäste. Das vornehmlich junge Publikum weiß außer den nahe gelegenen Traumstränden auch das gute Sport- und Freizeitangebot zu schätzen.

STRÄNDE Im Ort ersparen kleine Badebuchten mit flach abfallenden Stränden lange Wege. Außerhalb beginnt südöstlich des Hotels Tres Islas die **Playa de Corralejo**.

RESTAURANT An der Promenade liegt das von Schweizern geführte El Sombrero (Avenida Marítima 17, Tel. 928867531, Mi. Ruhetag). Originell sind die an einem schmiedeeisernen Galgen servierten Filets, typisch eidgenössisch die Fondue-Variationen. Immer voll, Reservierung dringend empfohlen!

BOOTSAUSFLUG Ab der Hafenmole verkehren Fähren nach Playa Blanca auf Lanzarote und Boote zur Insel **Lobos** (s. S. 89).

SPORT Der beste Surferstrand ist Flag Beach nördlich des Hotels Tres Islas. Das gleichnamige Windsurf Center (Tel. 928866389) bietet Kurse für Anfänger und Fortgeschrittene an. Taucher schätzen die artenreiche Unterwasserfauna in der Meerenge El Río.

UMGEBUNG Südlich von Corralejo wird kurz vor Villaverde auf einer Stichstraße die **Cueva del Llano** (Di.-Sa. 10.00–17.15 Uhr) erreicht. Auf einer Führung (alle 45 Minuten) können die ersten 200 Meter des 600 m langen Lavatunnels erkundet werden. Wissenschaftler fanden in der Höhle eine endemische Spinnenart und versteinerte Reste von Wirbeltieren.

INFORMATION
Oficina de Turismo, Avenida Marítima 2,
Tel. 928866235, Mo.–Fr. 8.00–15.00, Sa./So. 9.00
bis 15.00, im Sommer jeweils bis 14.00 Uhr

04 EL COTILLO – TOSTÓN

Der abgelegene Fischerort an der Nordwestküste gilt seit Jahren als Geheimtipp für Individualisten, die fernab vom Trubel Erholung suchen und auf eine große Promenade ebenso verzichten können wie auf eine glitzernde Einkaufsmeile.

STRÄNDE Nördlich des Ortes sind die sichelförmigen Badelagunen die Attraktion. Die hellsandigen Buchten fallen flach ins Meer ab und eignen sich auch gut für Kinder. Ein Surfrevier für Könner ist die über eine staubige Piste erreichbare **Playa del Aljibe de la Cueva**, 2 km südlich von El Cotillo.

RESTAURANTS Rund um den alten Hafen offerieren eine Hand voll einfache Lokale fangfrischen Fisch.

UMGEBUNG Auf halbem Weg zwischen El Cotillo und Corralejo bieten in **Lajares** entlang der Dorfstraße mehrere Geschäfte Kunsthandwerk an. Fein gearbeitete Hohlsaumstickereien sind dort der Renner.

INFO

05 BETANCURIA

Die alte Inselhauptstadt wurde zum Schutz vor Piraten inmitten schroffer Bergzüge angelegt. Sie trägt den Namen des normannischen Eroberers Jean de Béthencourt.

SEHENSWERT Wahrzeichen ist die **Iglesia Santa María de Betancuria**, ein ursprünglich gotischer Sakralbau, der nach einem Brand Anfang des 17. Jh. zu einer dreischiffigen Kirche erweitert wurde und eine wunderschöne Trogdecke aus Kiefernholz vorweisen kann.

MUSEUM An der Dorfstraße gibt die **Casa Museo de Betancuria** (Di.-Sa. 10.00-18.00 Uhr) einen Einblick in die bewegte Inselgeschichte. In der **Casa Santa María** (tgl. 11.00-16.00 Uhr) wird in einer Multivisionsshow ein einfühlsames Inselporträt vermittelt. Im angeschlossenen Landgasthof genießt man typische Gerichte.

UMGEBUNG Der bekannteste Aussichtspunkt der Insel ist der **Mirador de Morro Velosa** (tgl. 10.00-18.00 Uhr) an der Straße nach Antigua. Durch die Panoramascheiben des Ausflugslokals ergibt sich ein weiter Blick in den Inselnorden. Verlässt man Betancuria in südlicher Richtung, so erreicht man nach 6 km **Vega de Río de las Palmas**. Die Ortskirche birgt die Alabasterstatue der Virgen de la Peña. Die „Felsjungfrau" ist seit 1675 die offizielle Inselschutzheilige. Weitere 10 km südlich ist in **Pájara** die Iglesia Nuestra Señora de Regla für ihre aztekisch inspirierten Steinmetzarbeiten über dem Hauptportal bekannt.

06 ANTIGUA

Antigua (3000 Einw.) war einstmals die Kornkammer Fuerteventuras. Heute liegt der größte Teil der Felder brach, etliche der alten Bauernhäuser sind dem Verfall preisgegeben.

SEHENSWERT Am nördlichen Ortsausgang gruppiert sich um eine restaurierte Gofiomühle das **Centro de Artesanía** (Di.-Sa. 10.00-18.00 Uhr). In dem alten Anwesen werden eine archäologische Sammlung sowie zeitgenössische Kunst gezeigt. Zur Anlage gehört außerdem ein botanischer Garten mit Drachenbäumen und Kakteen.

WANDERUNG Von der Pfarrkirche aus lässt es sich auf einem alten Pilgerweg über die 570 m hohe Passhöhe Degollada de la Villa nach Betancuria wandern (hin und zurück 4 Std.).

UMGEBUNG 10 km südlich von Antigua informiert in **Tiscamanita** ein liebevoll hergerichte-

Aussichtspunkt mit Restaurant: Mirador de Morro Velosa bei Betancuria

tes Mühlenmuseum (Di.-Sa. 10.00-18.00 Uhr) über das traditionelle Müllerhandwerk.

07 AJUÍ

Der auch Puerto de la Peña genannte Fischerort an der Westküste fungierte früher als Hafen der alten Hauptstadt Betancuria. Heute ist die kleine Strandsiedlung aus Fischerkaten und Wochenendhäusern ein beliebter Ausflugsort der Einheimischen.

STRAND Die pechschwarze **Playa de Ajuí** zieht an heißen Sommerwochenenden vornehmlich einheimische Badegäste an.

RESTAURANTS Oberhalb des Strands gibt es einfache Fischlokale, urig ist die Bar Jaula de Oro (Goldkäfig).

WANDERUNG Nördlich des Strandes erreicht man auf einem über bizarre Kalkklippen laufenden Pfad in wenigen Minuten die unterhalb der Steilküste gelegene **Caleta Negra**, eine riesige Naturhöhle direkt am Meeressaum.

08 CALETA DE FUSTE

Sieben Kilometer südlich des Flughafens entstand in den letzten 25 Jahren ein Ferienzentrum vom Reißbrett. Die Wohnanlagen rund um die sichelförmige Badebucht sind eine bevorzugte Adresse für Familienurlauber, viel Flair darf in der gekünstelt wirkenden Ferienstadt allerdings nicht erwartet werden.

SEHENSWERT Ein 1743 zum Schutz vor Piraten errichteter Wehrturm am östlichen Rand der Bucht ist das einzige Relikt aus der Vergangen-

heit. Der runde Festungsbau steht inmitten des Ferienclubs **El Castillo**, kann jedoch von jedermann besichtigt werden.

STRAND Die 900 m lange feinsandige **Playa de Castillo** füllt fast die ganze Bucht aus. Da die Wellen hier ganz seicht heranrollen, ist der Strand für Kinder ideal.

RESTAURANT Das Fischlokal Frasquita (Tel. 928163657, Mo. Ruhetag) befindet sich in ruhiger Lage am südlichen Strandende und bietet neben gutem Seafood auch einen wunderbaren Ausblick auf Bucht und Jachthafen.

UMGEBUNG Südlich von Caleta de Fuste wird in Las Salinas im **Museo de la Sal** (Di.-Sa. 10.00 bis 18.00 Uhr) über die Salzgewinnung informiert.

09 GRAN TARAJAL

Mit 10 000 Einwohnern ist Gran Tarajal zweitgrößter Ort der Insel. Man findet hier das umfangreichste Warenangebot weit und breit – ausgerichtet auf einheimische Kundschaft.

UMGEBUNG Lohnend ist ein Ausflug in das 4 km westlich gelegene **Las Playitas**. Die weißen Häuschen des Fischerdorfes stapeln sich äußerst fotogen am Berghang übereinander. In **Tuineje**, 14 km nördlich, wird das Geld noch vorwiegend mit Landwirtschaft verdient. Die zweischiffige Iglesia de San Miguel Arcángel wurde Ende des 18. Jh. errichtet.

10 COSTA CALMA

So manches an der bis noch vor einer Generation unberührten „ruhigen Küste" hätte

FUERTEVENTURA

90–91

man besser machen können. Fast wahllos in die Landschaft gestreute Hotels und Bungalowsiedlungen bilden eine recht einfallslose Ferienstadt ohne Zentrum und Flanierbetrieb. Was die Gäste dennoch immer wieder herzieht, sind die schönen Strände direkt vor der Haustür.

SEHENSWERT Der beidseitig der Durchgangsstraße angelegte Grüngürtel von mehr als 2 km Länge lädt zu einem Spaziergang ein.

STRÄNDE Von Costa Calma erstreckt sich über viele Kilometer nach Südwesten hin eine grandiose Strandlandschaft, die **Playa de Sotavento** TOPZIEL. Als besonders schöner Teilabschnitt gilt die Playa Barca, gut 2 km von Costa Calma entfernt.

11 JANDÍA PLAYA – MORRO JABLE

Jandía Playa an der geschützten Südseite ist eine künstliche Ferienwelt par excellence.

Tipp

Windsurfen mit René Egli

Das von dem Schweizer René Egli geführte Pro Center an der Playa de Sotavento, südwestlich von Costa Calma, ist eines der größten Windsurfzentren der Welt. Für Anfänger und Fortgeschrittene stehen 1000 Riggs und 300 Boards zur Verfügung, die jedes Jahr ausgetauscht werden. Neben einem breit gefächerten Schulungsprogramm für Windsurfer werden auch Kurse im aktuellen Trendsport Kiteboarding angeboten. Das Geschehen auf dem Wasser überwacht ein eigener Sicherheitsdienst. Auskünfte und Anmeldung: Pro Center René Egli, Hotel Sol Gorriones, Tel. 928547483, www.rene-egli.com.

Die Halbinsel Jandía verdankt ihren Aufstieg zur beliebtesten Ferienregion Fuerteventuras den kilometerlangen Sandstränden. Um Sonne und Sand zentriert sich eine perfekte Infrastruktur mit vielfältigen Freizeitangeboten. Schon lange ist Jandía Playa mit Morro Jable zusammengewachsen. Rund um den ehemals verträumten Fischerhafen zeigt der kleine Ortskern hier jedoch noch gewachsene Strukturen.

SEHENSWERT Im **Vogelpark Stella Maris** (tgl. 10.00–17.00 Uhr) kann man exotische Vögel aus aller Welt beobachten. Zu den Stars gehören Königstukane und Kronenkraniche.

STRÄNDE Die **Playa del Matorral**, der Hauptstrand von Jandía, erstreckt sich vom Hotel Riu Palace Jandía über 4 km Länge bis zum Club Aldiana. Sofern man nicht gerade westlich des Leuchtturms das Badetuch ausbreitet, findet sich an dem bis zu 50 m breiten und erfreulich windarmen Sandstrand selbst in der Hauptsaison ein ruhiges Plätzchen. Wesentlich schmaler ist die **Playa Esquinzo** ein Stück weiter nordöstlich. Gegen die am Nachmittag aufkommende steife Brise schützen sich die Sonnenanbeter mit aus Steinwällen gebauten Strandburgen.

SPORT Ein hervorragendes Tauchrevier ist das Muränenriff vor dem Leuchtturm von Jandía. Auf den Muschelbänken in 10–15 m Tiefe tummeln sich Zackenbarsche, Trompetenfische und Sardinenschwärme, im Schutz von Höhlen lauern Muränen. Ein deutschsprachiges Tauchzentrum ist Tauchschule Felix (Avda. del Saladar, Tel. 928541418, www.tauchen-fuerteventura.com).

WANDERUNG Vom Hotel Barceló Jandía Playa kann auf einer für Fahrzeuge gesperrten 8 km langen Piste zum **Pico de la Zarza** (807 m) aufgestiegen werden. Von dem höchsten Inselgipfel genießt man ein grandioses Panorama auf die Luvseite der Halbinsel.

RESTAURANTS An der schmucken Uferpromenade in Morro Jable reiht sich ein Lokal ans andere. Der Fisch wird täglich frisch im Hafen angelandet.

UMGEBUNG Ein sehr beliebtes Ausflugsziel ist der Leuchtturm an der weltabgeschiedenen **Punta de Jandía**, 20 km westlich von Morro Jable. Etwa auf halber Strecke zur Punta de Jandía zweigt eine Piste in Richtung Nordosten, zum Weiler Cofete ab. Von hier erreicht man die **Playas de Cofete**, eine endlos erscheinende Strandlandschaft, die bisher aus Naturschutzgründen nicht bebaut werden durfte.

INFORMATION
Oficina de Información, Centro Comercial Jandía Beach, Tel. 928540776, Mo–Fr. 8.00–15.30 Uhr

---

Nicht versäumen!

ERLEBEN

Ins ursprüngliche Bergland
Abseits der Strände ist im Bergland die alte Hauptstadt Betancuria mit ihrer gefälligen Bauernarchitektur das beliebteste Ausflugsziel. Die Pfarrkirche ist eine der ältesten im Archipel. Daneben lädt ein rustikaler Gasthof zur Rast.

Siehe Nr. **05**

AKTIV

Aussicht auf rollende Hügelketten
Den besten Überblick über das gewellte Bergland erlaubt der 675 m hoch gelegene Mirador de Morro Velosa – bei klarem Wetter ist die Silhouette von Lanzarote auszumachen. Klar, dass an so exponierter Stelle ein Panoramalokal ist.

Siehe Nr. **05**

ERLEBEN

Höhle am Meer
Nach einem kurzen Spaziergang entlang der Klippenküste wird auf einem Treppenweg zur Caleta Negra abgestiegen. Die riesige Meereshöhle kann meist trockenen Fußes begangen werden. Vorsicht bei rauer See!

Siehe Nr. **07**

AKTIV

Der ultimative Superstrand
Entlang der Ostseite der Halbinsel Jandía erstrecken sich auf 20 km Sandstrände vom Feinsten. Den schönsten Abschnitt stellt die Playa de Sotavento, an der sich je nach Gezeiten eine reizvolle Flachwasserlagune bildet.

TOPZIEL   Siehe Nr. **10**

ERLEBEN

Am Rande der Zivilisation
Der Weiler Cofete ist Ausgangspunkt für eine Strandwanderung an der unverbauten Nordküste von Jandía. Unterströmungen und haushoch anrollende Brecher machen die Playas von Cofete und Barlovento zum Baden zu gefährlich.

Siehe Nr. **11**

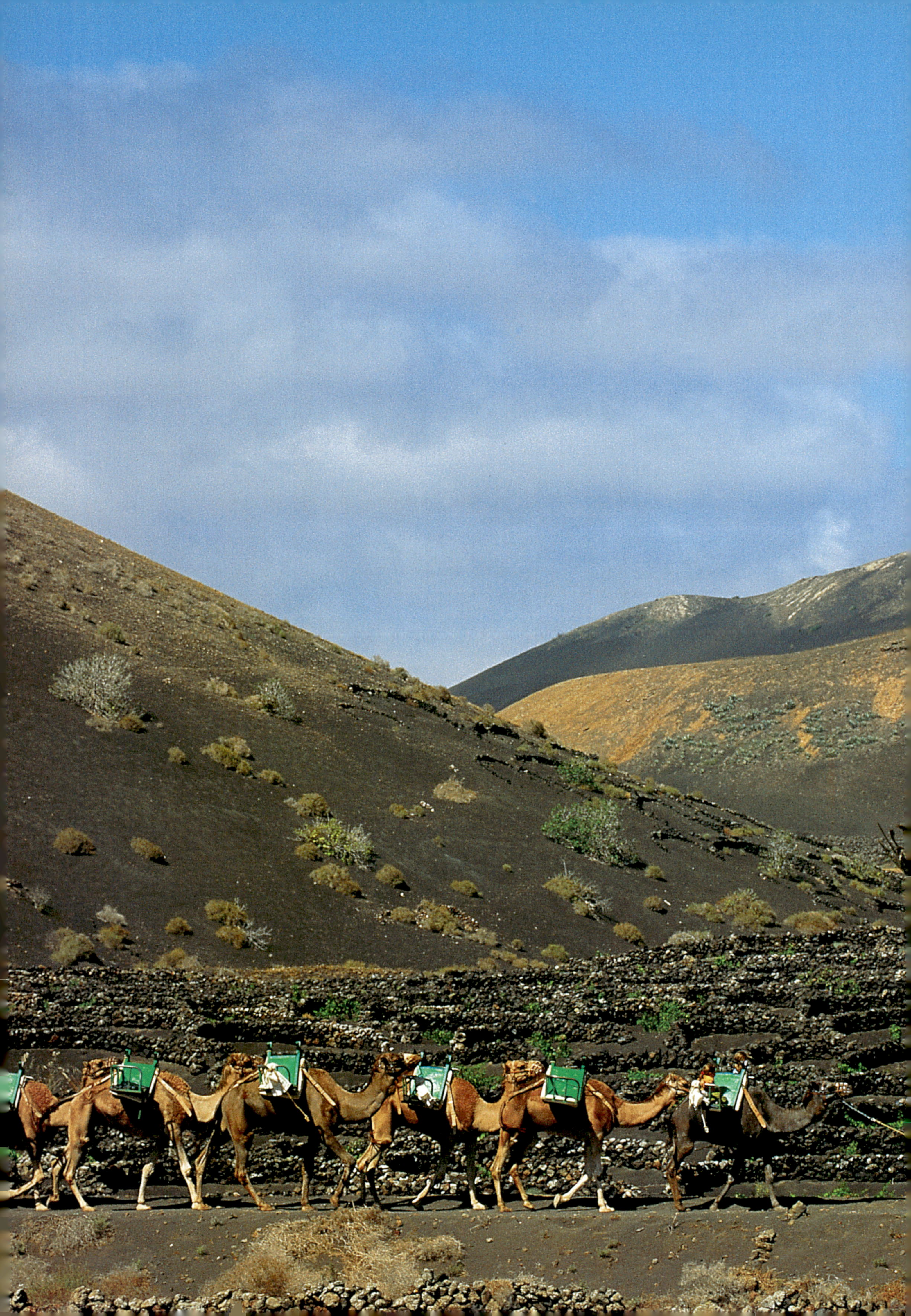

LANZAROTE

92–93

Geboren aus dem Feuer

Aus der Vogelschau offenbart sich Lanzarote unverkennbar als das, was es ist: eine Vulkaninsel, wie sie bizarrer nicht sein könnte. Dramatisch schön breitet sich eine von rund 300 Vulkankegeln übersäte Mondlandschaft aus. Vor gut 20 Millionen Jahren hob sich die Insel aus dem Atlantik empor, die jüngste Eruptionsserie liegt noch keine 200 Jahre zurück. Die sanft gerundeten Berge sind allerdings nicht hoch genug, dass sich die Passatwolken daran abregnen könnten. Entsprechend trocken, dafür umso sonniger gibt sich die Feuerinsel.

Auf dem Weg zur Arbeit: An der Straße Yaiza– Mancha Blanca warten Tag für Tag Dromedarkarawanen auf Urlauber.

01

02

LANZAROTE

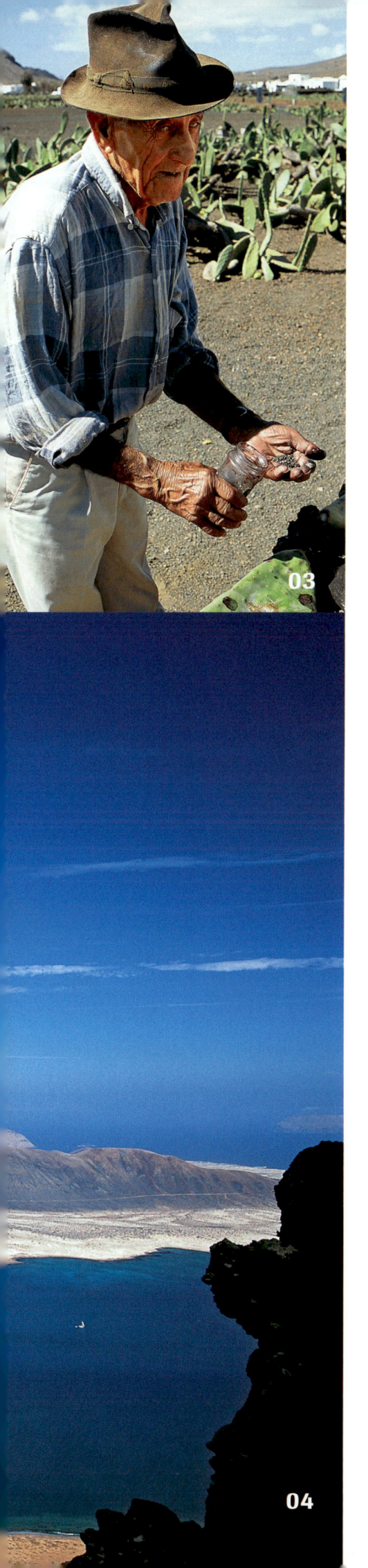

Gerade die kaum existente Vegetation macht den besonderen Reiz der herben Vulkaninsel aus, wo ein wild wachsendes Pflänzchen bereits in eine botanische Sensation ausartet. Umso überraschender präsentiert sich die Natur, wenn winterliche Regenfälle es mal gut mit dem ansonsten wüstenhaften Eiland meinen und die Täler im Norden von einem zartgrünen Flaum und mit Blumenwiesen voll Klatschmohn und Margeriten überzogen sind.

Flammendes Inferno

Vulkanismus wird auf Lanzarote spürbar wie nur an wenigen Stellen auf der Erde. Im 18. und 19. Jahrhundert erschütterten gewaltige Eruptionen die Insel. Zehn Dörfer verschwanden komplett unter meterhohem Schutt- und Ascheregen, Menschen kamen wundersamerweise nicht zu Schaden. Aufgerissene Krater, kilometerlange Lavatunnel und wie Seile geflochtene Stricklavafelder schufen eine archaisch anmutende Landschaft, wie sie bizarrer nicht sein könnte. „Kein Baum, kein Strauch", so stellte der deutsche Geologe Leopold von Buch kurz nach einer neuerlichen Serie von Ausbrüchen bei seiner Stippvisite 1825 treffend fest. Die urtümliche Region mit ihren zahlreichen geothermischen Abnormitäten avancierte zu einem der größten Touristenspektakel der Kanarischen Inseln. Am Islote del Hilario im Timanfaya-Nationalpark werden die Parkranger nicht müde, ihrem Publikum die noch unter der Erde schlummernde Kraft zu demonstrieren. In heißen Erdspalten entzündet sich in null Komma nichts ein loderndes Feuer, und in Rohre geschüttetes Wasser schießt in Sekundenschnelle wie ein Geysir als haushohe Dampffontäne heraus.

Lausige Zeiten

Wie man es auf einer trockenen Vulkaninsel nicht anders erwarten kann, steht es um die Landwirtschaft nicht zum Besten. Über Jahrhunderte hinweg war Lanzarote das Armenhaus der Kanaren. Als durch die Vulkanausbrüche wertvolles Ackerland verloren ging, herrschte nackter Hunger. Wer konnte, wanderte auf die Nachbarinseln oder nach Südamerika aus. Doch die in der Heimat verbliebenen Lanzaroteños zeigten, dass auch aus noch so aussichtslos erscheinenden Bedingungen Kapital zu schlagen ist. Eine Blütezeit erlebte die Feuerinsel in der Mitte des 19. Jahrhunderts, als mit der Schildlauszucht das Cochenille-Rot, ein damals begehrter Farbstoff, gewonnen wurde. Das lukrative Geschäft bescherte dem ganzen Archipel Vollbeschäftigung und einen bescheidenen Wohlstand – bis man ein paar Jahre später in Deutschland die chemischen Anilinfarben erfand! Auf den Nachbarinseln ist die Zucht mittlerweile vollständig aufgegeben. Auf Lanzarote konnte sich mangels anderer landwirtschaftlicher Alternativen das alte Gewerbe bis heute behaupten. Rund um die Dörfer Mala und Guatiza überziehen Kakteenfelder wie ein stachliger Teppich den Inselnorden. Mit etwas Glück kann man Bauern über die Äcker ziehen sehen, wie sie mit Spatel und Eimer die prall gefüllten Schmarotzer „ernten". Damit das Gewerbe nicht gänzlich ausstirbt, werden die verbliebenen Cochenille-Bauern mit Mitteln der Europäischen Union subventioniert.

Vulkanweine aus La Geria

Noch eine andere Kulturpflanze wussten die lanzaroteñischen Campesinos zu nutzen: den Weinstock. Die Malvasierrebe kam bereits im 17. Jahrhundert auf die Kanarischen Inseln, also lange bevor Weine aus Bordeaux und dem Chianti ihren Siegeszug antraten. Kanarische Weine brachten es zeitweise zu Weltruhm. Ein glühender Verehrer war Shakespeare, der dem Canary sack in den ›Lustigen Weibern von Windsor‹ ein literarisches Denkmal setzte. Auf Lanzarote bedient man sich einer ganz besonderen Anbautechnik. In der Weinregion La Gería wachsen die Rebstöcke im Trockenfeldbau windgeschützt in künst-

01 *Jameos del Agua mit Pool*
02 *La Graciosa kann mit wunderschönen Stränden aufwarten*
03 *Läusezucht bei Guatiza*
04 *Mirador del Río: Blick hinüber nach La Graciosa*

01 *Feuerzauber: Demonstration im Timanfaya-Nationalpark*

02 *Restaurant im Nationalpark: Erdwärme grillt die Steaks*

SPECIAL — Salz

Eine salzige Sache

Salz ist ein Gewürz, das der Atlantik im Überfluss bereitstellt. Das „weiße Gold" wurde früher auf Lanzarote in großem Stil gewonnen. Die Salzgärten an der Costa Teguise und El Río am Fuß des Steilabsturzes von Famara gehören zu den ältesten im Archipel. Die kanarischen Fischer benötigten früher Salz in großen Mengen, um ihren Fang zu konservieren. Am leistungsfähigsten war die Saline Janubio südwestlich von Yaiza mit einer Jahresproduktion von um die 100000 Tonnen. Heute sind die meisten Salinen stillgelegt. Fisch wandert entweder frisch auf den Grill oder wird tiefgefroren. Auch in Janubio wurde in den letzten Jahrzehnten die Produktion Schritt für Schritt auf einen Bruchteil zurückgefahren. An der Salzgewinnung hat sich nicht viel verändert. Anstelle von Windmühlen pumpen Elektromotoren das Meerwasser in schachbrettartig angeordnete flache Salzgärten. Das Wasser verdunstet im Laufe einiger Wochen und lässt Salzkristalle zurück, die lediglich noch gereinigt und gemahlen werden müssen.

Werden als Industriedenkmal erhalten: Salinas de Janubio

lich angelegten Trichtern. Zu beiden Seiten der Weinstraße von Mozaga nach Uga breitet sich so eine faszinierende Kulturlandschaft aus, die sich durch ihre klare Ästhetik wie ein Kunstwerk zwischen den Vulkanbergen ausnimmt. Entlang der Straße laden etliche Bodegas zu einer Weinprobe ein.

César Manrique – ein Visionär

Nicht nur der vulkanische Charakter macht Lanzarote einzigartig. Ihr heutiges Gesicht verdankt die Feuerinsel zu einem nicht unbedeutenden Teil dem Künstler César Manrique. Er machte Lanzarote zu einem bis ins letzte Detail gestylten Markenartikel. Ursprünglich Maler, entwickelte sich der gebürtige Lanzaroteño zu einem in Architektur und Landschaftsgestaltung bewanderten Allroundtalent. Manrique hatte ein Gespür für das Außergewöhnliche, ganz gleich ob er nun Lavagrotten in ein vulkanisches Disneyland transformierte oder genau an der richtigen Stelle ein Panoramarestaurant auf die Steilküste setzte. Manrique war es auch, der der traditionellen Landarchitektur wieder zu neuen Ehren verhalf. Am Rand der großen Sehenswürdigkeiten ist Lanzarote ein ästhetischer Genuss: Idealtypisch ist die weißgekalkte kubische Finca vor einem pechschwarzen Vulkan-

03 *Yaiza in der Abendsonne*
04 *Weinanbau im Gebiet von La Geria*
05 *Giftgrün und recht tief: Charco de los Clicos*
06 *Weine der Bodega El Grifo*

01

02

> „Allein das Klima der
> Inseln ist ein Luxus!"
>
> César Manrique

berg, daneben die Silhouette einer Dattelpalme. Dazu Dörfer wie aus dem Bilderbuch mit verspielt anzuschauenden Mäuerchen und arabisch inspirierten Zinnen und Schornsteinen.

Manrique und die Folgen

Nur eines hatte Manrique nicht einkalkuliert: Mit von ihm geschaffenen Attraktionen wie Jameos del Agua, dem Mirador del Río oder seinem ehemaligen Wohnhaus in Tahiche trug er nicht unwesentlich dazu bei, Lanzarote zu einer überaus beliebten Ferieninsel zu machen, auf der es außer Sonne und Strand etliches zu entdecken gibt. Dabei hatte man die touristische Erschließung fast verschlafen. So richtig los ging es erst in den 1980er-Jahren. Im Unterschied zu den damals schon voll vom Fremdenverkehr vereinnahmten großen Nachbarinseln Gran Canaria und Teneriffa versuchte man von Anfang an mehr auf Klasse als auf Masse zu setzen. Ganz aufgegangen ist das Konzept nicht. Vor allem 1992, nach Manriques Tod, setzte an der Costa Teguise und im Inselsüden eine rege Bautätigkeit ein. Mehrmals von oben verordnete Baustopps zeigten nur wenig Wirkung. Bis heute brummt die Insel an allen Ecken und Enden. Jährlich suchen fast zwei Millionen Feriengäste Erholung und Entspannung. Lanzarote ist zudem ein attraktives Zuzugsgebiet geworden: Seit den 1960er-Jahren hat sich die Einwohnerzahl auf heute 133 000 fast verdreifacht.

Voll im Trend

Die Insel gibt sich betont modern und trendy. Maler und Bildhauer werkeln nachhaltig am Künstlerimage, Modefotografen schwärmen vom unbeschreiblichen Licht, Werbefilmer von den ausgefallenen Kulissen, und Esoteriker fühlen sich von den „plutonischen Kräften" angezogen. Selbst die offizielle Fremdenverkehrswerbung spricht von der „Isla Mítica", der mystischen Insel. Auch die Politprominenz tagt oder relaxt in aller Regelmäßigkeit auf der Feuerinsel, angefangen von Michail Gorbatschow und Helmut Kohl bis zu José Luis Rodríguez Zapatero, der regelmäßig seinen Weihnachtsurlaub auf Lanzarote verbringt. Während in der Ferienstadt Puerto del Carmen eher ein preisbewusstes Publikum unterkommt, hat sich Playa Blanca an der Südküste zu einer Oase für den gehobenen Tourismus entwickelt.
Jüngst öffneten hier etliche Nobelhotels der Fünf-Sterne-Kategorie ihre Pforten, rund um den Jachthafen Marina Rubicón nicht weit von den berühmten Papagayo-Stränden ist ein der typischen Inselarchitektur nachempfundenes bildhübsches Flanierviertel entstanden.

01 *Arrecife: Charco de San Ginés*
02 *Playas de Papagayo: Traumbuchten bei Playa Blanca*
03 *Taro de Tahíche, Manriques einstiges Wohnhaus*
04 *Beliebter Treff in Puerto del Carmen*

LANZAROTE

INFO

LANZAROTE

Feuerinsel mit Kunst und Kultur

Von allen sieben Inseln ist Lanzarote am stärksten vom Vulkanismus geprägt. Die Feuerberge im Nationalpark Timanfaya erinnern an eine ausgeglühte Mondlandschaft, wie sie bizarrer nicht sein könnte. Ihren Ruf als Künstlerinsel verdankt Lanzarote dem Maler und Architekten César Manrique, der seine Heimat mit außergewöhnlichen Kunstwerken ausstaffierte. Neben Natur und Kunst hat die Insel auch hervorragende Strandreviere zu bieten.

01 ARRECIFE

In der auf den ersten Blick provinziell anmutenden Inselmetropole (55 000 Einw.) wohnt mehr als die Hälfte der Einwohner Lanzarotes. So manches historische Gemäuer überlebte die ungestüme Wachstumsphase der letzten Jahre, und auch ein Einkaufsbummel lohnt sich.

SEHENSWERT Die beschaulichste Ecke von Arrecife ist der **Charco de San Ginés** hinter der gleichnamigen Pfarrkirche. Das ehemalige Fischerquartier an einer Lagune zeigt sich nach gelungener Sanierung hübsch herausgeputzt.

MUSEEN Über den Puente de las Bolas erreicht man das **Castillo de San Gabriel** auf einer dem Stadtzentrum vorgelagerten Miniinsel. In der ehemaligen Piratenfestung aus dem 16. Jh. dokumentiert das Archäologisch-ethnographische Museum (zurzeit wegen Umbaus geschlossen) die Inselgeschichte. Stadtauswärts in Richtung Hafen stellt im **Castillo de San José** das Museo Internacional de Arte Contemporáneo (tgl. 11.00 bis 21.00 Uhr, Eintritt frei) zeitgenössische Kunst aus. Die 1779 erbaute Festung wurde unter der Leitung von César Manrique restauriert und beherbergt auch ein nach Ideen des Künstlers gestaltetes Restaurant mit Hafenblick.

EINKÄUFE Die **Calle León y Castillo** ist die Einkaufsstraße von Arrecife. Hier gibt es Kleidung, Schuhe und Parfüm.

VERANSTALTUNG Jeweils Ende August findet zu Ehren des Schutzheiligen San Ginés ein einwöchiges Volksfest statt.

INFORMATION
Oficina de Turismo, Calle Blas Cabrera Felipe, Tel. 928811762, Mo.–Fr. 8.00–15.00, im Sommer bis 14.00 Uhr

02 PUERTO DEL CARMEN

Mit Platz für über 30 000 Gäste ist Puerto del Carmen das größte Urlauberzentrum der Insel. Lebensader und Flaniermeile der Hafenstadt ist der 10 km lange Strandboulevard mit unzähligen auf den internationalen Geschmack abgestimmten Restaurants sowie Hotels und Apartmenthäusern aller Preisklassen.

STRÄNDE Schönster Strand ist die feinsandige **Playa Grande** (früher Playa Blanca) zwischen dem Hotel Los Fariones und dem Centro Atlántico. Weiter östlich sonnt man sich an der 1,5 km langen **Playa de los Pocillos** und an der **Playa Matagorda**, an der auch Windsurfer auf ihre Kosten kommen.

SPORT Vor der Küste von Puerto del Carmen wurden für den Tauchsport sechs Schiffe versenkt. Die Tauchschule Safari Diving an der Playa de la Barilla bietet Exkursionen unter Wasser an (Tel. 928511992, www.safaridiving.com).

RESTAURANTS Am Hafen ist die ehemalige Fischhalle La Lonja (Tel. 928511377) als stimmungsvoller Treff bei Einheimischen wie auch Urlaubern beliebt. Gute Fischgerichte und Deftiges vom Grill bietet Los Marineros (Calle Tenerife 10, Tel. 928510875), einen Steinwurf oberhalb des Hafens.

NACHTLEBEN Nachtschwärmer finden im Centro Columbus und Centro Atlántico an der Uferstraße lebhafte Clubs und Discos, die am Wochenende bis in die frühen Morgenstunden geöffnet haben. Bei Amerikanischem Roulette, Poker, Black Jack u.a. kann man im Spielcasino (Avenida de las Playas 12) sein Glück versuchen.

UMGEBUNG Puerto Calero, 3 km westlich, ist eine kleine Urbanisation, die rund um einen noblen Sporthafen entstand. Von den Cafés und Terrassenlokalen an der hübschen Promenade kann man schnittige Jachten bestaunen. 2005 eröffnete an der Marina ein Walmuseum, in dem der Gesang der Wale gehört werden kann (tgl. 10.00 bis 18.00, im Sommer 11.00–19.00 Uhr).

INFORMATION
Oficina de Turismo, Avenida de las Playas s/n, Tel. 928515337, Mo.–Fr. 10.00–17.00 Uhr

03 COSTA TEGUISE

Der Ferienort nordöstlich von Arrecife ist eine in den 1970er-Jahren angelegte Hotel- und Apartmentstadt vom Reißbrett. Ein gelungenes Viertel ist der Pueblo Marinero, eine von Manrique im Stil der traditionellen Inselarchitektur konzipierte Musteranlage, die lange Zeit als Modell für einen anderen Tourismus galt.

Tipp

Fisch in Arrieta

Das Dorf Arrieta an der Ostküste von Lanzarote ist seit Jahren für seine Seafood-Lokale bekannt. Im El Amanacer sitzt man direkt am Wasser und wird mit fangfrischem Atlantikfisch verwöhnt. Empfehlenswert ist die opulente Fischplatte, die alles enthält, was die Fischer gerade angelandet haben. Und auch der Service könnte nicht besser sein (El Amanacer, Arrieta, Tel. 92883584).

Ideal zum Flanieren: die Promenade am Charco de San Ginés in Arrecife

INFO

STRÄNDE Die **Playa de las Cucharas** glänzt mit einem 700 m langen hellen Sandstrand. Damit sich Schwimmer und Windsurfer nicht in die Quere kommen, gibt es für beide separate Bereiche. Wesentlich kleiner sind die benachbarten Badebuchten Playa del Jablillo und Playa Bastián.

FREIZEITPARK Für Kinder ist der Wasserpark **Aguapark** an der Straße zum Golfplatz mit Rutschen, Wasserfällen und Pools eine gefahrlose Alternative zum Atlantik (tgl. 10.00–18.00 Uhr).

SPORT An der Playa de las Cucharas bieten drei Windsurfschulen Kurse an und verleihen Boards. Der Club de Golf (Tel. 928590512) oberhalb der Ferienstadt ist durch die umgebende Vulkanlandschaft einer der eigenwilligsten 18-Loch-Plätze der Kanaren.

UMGEBUNG: Die **Fundación César Manrique** (Nov.-Juni Mo.-Sa. 10.00–18.00, So. 10.00 bis 15.00 Uhr, Juli–Okt. tgl. 10.00–19.00 Uhr) in Tahíche war ursprünglich das Wohnhaus von César Manrique. Das extravagante Anwesen inmitten eines Lavafelds demonstriert eine gelungene Synthese zwischen Natur und Architektur. Einzigartig sind die in fünf Lavablasen eingerichteten unterirdischen Wohnräume. Im Obergeschoss sind rund 30 großformatige Arbeiten des Künstlers ausgestellt. Der **Jardín de Cactus** (tgl. 10.00–17.45 Uhr) in Guatiza, nördlich von Costa Teguise, trägt ebenfalls die Handschrift Manriques. Unterhalb einer restaurierten Gofiomühle sind mehr als 1400 Arten der stachligen Gewächse zu bewundern.

04 TEGUISE

Aus Furcht vor Piraten legten 1406 die Spanier die erste Inselhauptstadt im Landesinneren an. Teguise atmet noch das koloniale Flair aus der Zeit nach der Eroberung. Der geschlossene Kern steht seit 1973 unter Denkmalschutz.

SEHENSWERT Ausgangspunkt aller Unternehmungen ist die **Plaza de la Constitución** mit der **Iglesia Nuestra Señora de Guadalupe** und dem Zehnthaus aus dem 17. Jh. (**La Cilla**).

MUSEEN Ebenfalls an der Plaza de la Constitución vermittelt der als Museum zugängliche **Palacio de Spínola** (Mo.-Fr. 10.00–15.00, So. 10.00–14.00 Uhr) ein Stück gehobene Wohnkultur des 18. Jh. Am Ostrand der Stadt thront auf einem 452 m hohen Vulkankegel das **Castillo de Guanapay**. Die alte Festung geht auf das 16. Jh. zurück und beherbergt heute ein kleines Emigrantenmuseum (Mo.-Fr. 10.00–15.00, Sa./So. 10.00 bis 14.00 Uhr). Von der Burgmauer aus genießt man ein weites Panorama auf die Feuerberge.

RESTAURANT Im alten Dorfkern offeriert Ikarus (Plaza 18 de Julio, Tel. 928845332, Mo. Ruhetag) bei klassischer Musikuntermalung und Kerzenschein wechselnde Tagesgerichte. Das Lokal steht unter deutscher Leitung.

UMGEBUNG 8 km südwestlich von Teguise setzt das von César Manrique entworfene 15 m hohe **Monumento al Campesino** ein weithin sichtbares Landzeichen. In unmittelbarer Nachbarschaft befindet sich die einem traditionellen Bauernhof nachempfundene Casa del Campesino. In Ateliers wird genäht, getöpfert und geflochten, der angeschlossene Gasthof ist für seine kompromisslose kanarische Küche bekannt. Vom Monumento al Campesino erreicht man auf einer Landstraße das Museo Agrícola El Patio (Mo.-Fr. 10.00–17.00, Sa. 10.00–14.00 Uhr) in **Tiagua**. Das liebevoll gestaltete Freilichtmuseum gruppiert sich um ein 250 Jahre altes Landgut mit Windmühle und gibt einen faszinierenden Einblick in die bäuerliche Arbeitswelt von anno dazumal. Für Kinder sind vor allem der kleine Streichelzoo und das Dromedargehege interessant.

05 HARÍA

Schon bei der Anfahrt bietet sich vom Mirador de Haría ein wunderschönes Panorama über den Ort im „Tal der 1000 Palmen". Die blumengeschmückten Gassen und nicht zuletzt die vielen Dattelpalmen lassen das Ortsbild überaus reizvoll erscheinen. Auf dem kleinen Friedhof ist das Grab von César Manrique zu einer Art Wallfahrtsziel avanciert.

SEHENSWERT Stimmungsvoll präsentiert sich die lang gezogene **Plaza León y Castillo**. Alte Eukalyptusbäume spenden Schatten.

UMGEBUNG Östlich von Haría sind die Lavagrotten **Jameos del Agua** ⚑ **TOPZIEL** (tgl. 10.00–18.30 Uhr, Abendveranstaltungen Di., Fr. und Sa. 19.00–2.00 Uhr) die Top-Attraktion im Inselnorden. Die Höhlen wurden von César Manrique mit viel Sinn für das Detail in eine einzigartige vulkanische Erlebniswelt transformiert. Die Lagune unter der teils eingestürzten Höhlendecke ist für ihre Albinokrebse berühmt. Zum selben Höhlensystem gehört die benachbarte **Cueva de los Verdes** (tgl. 10.00–17.00 Uhr). Im Rahmen einer Führung kann die Höhle auf einem 2 km langen Weg erkundet werden. 53 m unter der Erde befindet sich ein riesiger Saal, der wegen seiner hervorragenden Akustik für Konzerte genutzt wird. Auf der Fahrt gen Norden passiert man den **Guinate Tropical Park** (tgl. 10.00–17.00 Uhr), in dem farbenprächtige Vögel aus aller Welt bewundert werden können, und erreicht nach 10 km den

Mirador del Río (tgl. 10.00–17.45 Uhr), der einen spektakulären Ausblick auf die kleine Schwesterinsel La Graciosa freigibt. Das wie ein Balkon an die fast 500 m hohe Abbruchkante des Famara-Kliffs angelehnte Panoramalokal gilt als eines der Meisterwerke César Manriques.

06 PARQUE NACIONAL DE TIMANFAYA

Der 1974 eingerichtete Nationalpark ⚑ **TOPZIEL (tgl. 9.00–17.45 Uhr) fasziniert durch rot bis schwarz eingefärbte Vulkankegel, erstarrte Lavaströme und eingestürzte Lavatunnel.** Zum Schutz des sensiblen Ökosystems ist der private Zugang streng reglementiert, die Zufahrtsstraße endet vor dem Restaurant El Diablo.

BESICHTIGUNG Von dort wird eine im Eintrittspreis inbegriffene Bustour durch die Montañas del Fuego angeboten. Die Feuerberge sind im wahrsten Sinne das Highlight der Insel. Am Echadero de los Camellos stehen Dromedare für einen kurzen Ausritt bereit.

Tipp

Wandern auf dem Vulkan

Der Nationalpark Timanfaya darf nicht auf eigene Faust erkundet werden. Von Mitarbeitern der Parkbehörde werden kostenlos geführte Exkursionen angeboten. Sehr beliebt ist der gut zweistündige vulkanologische Lehrpfad um die Montaña Tremesana, der mit Lavatunneln, einem Lavasee und anderen vulkanologischen Besonderheiten bekannt macht. Die Teilnehmerzahl ist begrenzt, in der Hauptsaison empfiehlt es sich daher, mindestens eine Woche im Voraus zu reservieren (Centro de Visitantes Mancha Blanca, Tel. 928840839).

LANZAROTE

102–103

Mirador del Río: Blick hinüber nach La Graciosa

SEHENSWERT Rund um den Jachthafen **Marina Rubicón** lädt ein im Stil eines kanarischen Dorfes konzipiertes Viertel mit schicken Restaurants und Boutiquen zum Bummeln ein. Oberhalb der gelungenen Urbanisation steht ein alter Piratenausguck, von dem es sich nach Fuerteventura und Lobos schauen lässt.

RESTAURANT Im El Diablo (Tel. 928840057) am Islote del Hilario werden die Steaks auf einem von der aufsteigenden Erdhitze gespeisten Vulkangrill zubereitet.

BESUCHERZENTRUM Am Rande des Nationalparks liegt an der Straße nach Mancha Blanca das **Centro de Visitantes e Interpretación de Mancha Blanca**. Man erfährt alles über den Naturraum (tgl. 9.00–17.00 Uhr, Eintritt frei).

07 YAIZA

Yaiza am Südrand des Nationalparks wurde wegen seines Ortsbildes bereits zweimal zum schönsten Dorf Spaniens gewählt.

SEHENSWERT Gegenüber der **Iglesia de los Remedios** (18. Jh.) finden in der **Casa de la Cultura** Ausstellungen kanarischer Künstler statt.

RESTAURANT Der von César Manrique restaurierte 300 Jahre alte Landgasthof La Era (Tel. 928830016, Mo. Ruhetag) offeriert in mehreren kleinen Gasträumen gehobene kanarische Küche.

UMGEBUNG An der Westküste, 7 km westlich von Yaiza, gibt der Halbkrater **El Golfo** eine filmreife Kulisse ab. Auf der zum Meer hin liegenden Seite kontrastiert eine smaragdgrüne Lagune (Charco de los Clicos) effektvoll mit einer schwarzen Lavasandbank. Zum Sonnenuntergang sollte man sich einen Platz im nahen Dorf El Golfo bei Plácido (Avenida Marítima 38, Tel. 928173302) sichern. Das Fischlokal mit seiner Terrasse direkt am Wasser genießt Kultstatus. Nordöstlich von Yaiza erstreckt sich **La Geria**, Lanzarotes größtes Weinanbaugebiet. Die grünen Reben in der schwarzen Vulkanerde verleihen der Landschaft etwas Bizarres.

08 PLAYA BLANCA

Viel Sonne und die schönsten Sandstrände der Insel machten aus dem ehemaligen Fischernest an der Südküste ein prosperierendes Badezentrum. Viel Flair hat die von Hotels und Bungalowresorts geprägte Ferienstadt nicht, doch ist die Strandpromenade recht hübsch geraten.

STRÄNDE Sehr beliebt ist die künstlich aufgeschüttete und von Molen geschützte **Playa Flamingo** direkt im Ort. Östlich der Ferienstadt erreicht man über eine mautpflichtige Zufahrt oder auf einem gut einstündigen Spaziergang die berühmten **Playas de Papagayo**. Sonnenanbeter können zwischen sechs goldgelben Traumstränden wählen.

RESTAURANT Das Almacén de la Sal, ein restauriertes ehemaliges Salzkontor, verwöhnt seine Gäste mit spanischer Festlandsküche. Das Dinner wird von Pianomusik untermalt (Avenida Marítima 12, Tel. 928517885).

BOOTSFAHRT Vom Hafen verkehren Wassertaxis zu den Papagayo-Stränden. Autofähren verbinden Playa Blanca mit Corralejo auf Fuerteventura (Fahrzeit 45 Min.).

INFORMATION
Oficina de Información de Turismo, Varadero, Tel. 928519018, Mo.–Fr. 8.00–20.00 Uhr

---

Nicht versäumen!

Ausblick zur Schwesterinsel
500 m bricht das Famara-Kliff fast senkrecht zum Meer ab, genau auf den Kliffrand setzte der Künstler César Manrique das Panoramalokal Mirador del Río. Von der Terrasse hat man eine atemberaubende Aussicht nach La Graciosa.

Siehe Nr. **05**

Karibisches Flair in Lava
Mit der Ausgestaltung der Lavatunnel von Jameos del Agua lieferte Manrique sein Meisterstück ab – die gelungene Synthese zwischen Kunst und Natur ist neben den Feuerbergen der größte Besuchermagnet von Lanzarote.

◆ **TOPZIEL**   Siehe Nr. **05**

Mondlandschaft am Atlantik
Nirgendwo erlebt man Vulkanismus so direkt wie im Nationalpark Timanfaya. Die Attraktion im Restaurant El Diablo ist ein Vulkangrill, vor der Tür demonstrieren Parkwächter die unmittelbar unter dem Boden schlummernde Erdhitze.

◆ **TOPZIEL**   Siehe Nr. **06**

Feurige Vulkanweine
Halbrunde Lavamäuerchen schützen jede einzelne Weinrebe vor Wind. So präsentiert sich La Geria als ästhetische Landart in Perfektion. An der Weinstraße zwischen Uga und Mozaga darf in etlichen Bodegas verkostet werden.

Siehe Nr. **07**

Unverfälschtes Badeparadies
An den Papagayo-Stränden verhinderte der Naturschutz bislang erfolgreich die Bebauung des schönsten Strandreviers der Kanaren. Badegäste haben die Wahl zwischen mehreren Buchten, ideal für Kinder ist die Playa de Papagayo.

Siehe Nr. **08**

KANARISCHE
Inseln für Genießer

Alles Banane: Der Urlauber am Strand übersieht leicht, dass die Landwirtschaft auf den Kanaren weiter breiten Raum einnimmt. Außer den süßen Früchtchen hat auch der Tabakanbau eine lange Tradition. Was sonst von kanarischen Äckern frisch auf den Tisch kommt, kann man auf den zahlreichen Bauernmärkten bewundern.

BANANEN
Krumme Früchtchen

Egal, ob von der Montaña Arucas auf Gran Canaria, dem Humboldtblick auf Teneriffa oder dem Mirador El Time auf La Palma – immer liegt dem Betrachter ein ausuferndes immergrünes Kulturland zu Füßen, das bis an die Abbruchkante der meist steil abfallenden Küsten heranreicht. Die etwas eintönig wirkende Monokultur wird lediglich von Plastiktreibhäusern und wie blaue Augen aus dem Grün leuchtenden riesigen Wassertanks unterbrochen. Schaut man näher hin, entpuppen sich die terrassenförmig angelegten Felder als Bananenplantagen. Die auch unter dem Namen Paradiesfrucht bekannte Beerenfrucht wird auf den Kanaren überall angebaut, wo es genügend Wasser gibt. Die Plantagen ziehen sich bis in Höhenlagen von 300 m hinauf, darüber rechnen sich die Erträge nicht mehr. Hohe Mauern aus schwarzem Lavagestein schützen die empfindlichen Stauden vor dem Passatwind. Oft werden die Fruchtstände noch zusätzlich in Plastiksäcke gewickelt. Das bringt größere Früchte und steigert damit den Ertrag.

Monokulturen am laufenden Band

Die Banane ist nicht die erste Monokultur auf den Kanaren. Ein Blick zurück zeigt, wie dicht Wohlstand und Armut der Menschen im Archipel von der jeweiligen Exportfrucht abhingen. Kaum war vor 500 Jahren der Archipel erobert, begannen die Spanier auf den wasserreichen Zentral- und Westinseln Zuckerrohr anzubauen. Die kurze Blüte vom Geschäft mit dem „weißen Gold" fand ein jähes Ende, als sich der Anbau in die Karibik verlagerte, wo Zucker weitaus billiger produziert werden konnte. Für neuen Schwung sorgte die Weinrebe. Der auf den jungvulkanischen Böden gezogene Malvasier brachte es kurzzeitig zu Weltruhm, bis schließlich wachsende Konkurrenz aus Madeira und Südfrankreich sowie eingeschleppte Rebkrankheiten die kanarische Landwirtschaft erneut an den Rand des Zusammenbruchs trieb. Zehntausenden von arbeitslosen Landarbeitern blieb nichts anderes als die Emigration nach Südamerika.

Als neuer Hoffnungsträger für die kanarische Landwirtschaft kam im 19. Jahrhundert die Banane auf die Insel. Maßgeblichen Anteil daran hatte der französische Generalkonsul Sabin Berthelot (1794 bis 1880). Berthelot war zugleich Direktor des Botanischen Gartens in La Orotava, also vom Fach. Für die ersten Anbauversuche unter den damals bekannten 200 Sorten galt es eine robuste Staude zu finden, die für die klimatischen Bedingungen auf den Inseln am besten geeignet war. Seine Wahl fiel auf die Dwarf Cavendish, eine maximal zweieinhalb Meter hoch wachsende Zwergsorte, die vor allem mit den auf den Kanaren vorherrschenden Passatwinden gut zurechtkommt und dazu auch sehr aromatisch im Geschmack ist. Der planmäßige Anbau begann um 1890, an der Nordküste von Gran Canaria, im Orotava-Tal auf Teneriffa und in der wasserreichen Region von Los Sauces auf La Palma wurden die ersten großen Plantagen angelegt. Ein Teil der Ernte verschiffte man bis nach England – mit den Bananendampfern erreichten zugleich die ersten Touristen die Kanaren.

Keine Konkurrenz für Chiquita & Co.

Binnen weniger Jahre wurde ein großer Teil der Küstenzonen terrassiert, heute sind Bananen das kanarische Exportprodukt Nummer eins. Fünf der sieben Inseln sind Bananeninseln. Nur auf den wüstenhaften Ostinseln Lanzarote und Fuerteventura ist mangels ausreichendem Wasser kein Anbau möglich. Doch wie lange sich die Paradiesfrucht auf den Kanaren noch halten kann, vermag niemand zu sagen. Schon seit Jahrzehnten kann die kanarische Banane nicht mit den Chiquitas und Uncle Tucas aus Mittelamerika konkurrieren. Dort sind nicht nur die klimatischen Verhältnisse noch besser, auch das Lohnniveau liegt in Bananenrepubliken wie Ecuador, Costa Rica und Honduras weitaus niedriger. Auch von der Größe kann die gerade mal 12 bis 15 cm lange kanarische Banane nicht mit den Früchten aus Übersee mithalten. Auf dem internationalen Markt spielen kanarische Bananen keine Rolle mehr, praktisch die ganze Ernte, immerhin mehrere hunderttausend Tonnen

BANANEN, SOWEIT DAS AUGE BLICKEN KANN ...

BANANEN

im Jahr, wird auf den spanischem Festland konsumiert. Ohne staatliche Subventionen stünden die Bananenbauern bereits vor dem Aus. Nicht nur wirtschaftlich, auch aus ökologischer Sicht spricht einiges gegen den Anbau. Die Kultur verbraucht enorme Mengen an Wasser – um ein Kilo Bananen zu produzieren, bedarf es mehrerer hundert Liter Wasser. Und wie bei jeder Monokultur werden auch viel Kunstdünger und chemische Pflanzenschutzmittel eingesetzt. Biobananen haben auf den Kanaren noch Seltenheitswert.

Warum ist die Banane krumm?

Bananen haben keinen einheitlichen Wachstumszyklus, sie wachsen rund ums Jahr. Bei einem Spaziergang durch eine Plantage können so die unterschiedlichen Stadien der Fruchtbildung beobachtet werden. Während die eine Pflanze gerade ihre prächtige rotviolette Blüte trägt, hängt an der Staude daneben bereits ein zentnerschwerer Fruchtstand mit bis zu 300 Früchten. Und neben dem gefällten Scheinstamm einer dritten wächst aus dem Wurzelstock bereits ein neuer Schössling heran. Nach der Blüte neigt sich der Fruchtstand zunächst dem Boden zu, die fingergroßen jungen Bananen streben jedoch bald dem Licht entgegen – das soll erklären, warum die Banane krumm ist.

EINE KÖSTLICHKEIT: BANANENCREME

Witzbolde meinen dagegen, dass sie deshalb so gekrümmt ist, weil ursprünglich niemand in den Regenwald zog, um sie gerade zu biegen! Eine Staude liefert im Jahr etwa 60 Kilo Bananen. Die Früchte werden immer unreif und grün geerntet. Wenn man sie an der Staude ausreifen lässt, platzt die Schale auf und das Fruchtfleisch schmeckt mehlig. Im Schatten gelagert brauchen die Früchte noch mehrere Wochen, bis sie sich gelb färben. So lange will in den Verbraucherländern niemand warten, der Reifung wird daher mit Äthylen künstlich auf die Sprünge geholfen.

Ein Museum im Bananenmeer

Der Platz für das Museo del Plátano auf La Palma könnte nicht besser gewählt sein: Vom aussichtsreichen Kirchplatz von Tazacorte erreicht man auf einem Fußweg das mitten in einer Bananenplantage versteckte Museum. In dem hübsch restaurierten ehemaligen Herrenhaus eines Zuckerbarons wird erzählt, wie die Banane auf die Kanaren kam. Dabei werden auch botanische und wirtschaftliche Aspekte beleuchtet. In einem im Aufbau befindlichen Lehrgarten soll der Lebenszyklus der Staude von der Blüte bis zur Frucht veranschaulicht werden. Das Bananenmuseum ist übrigens in Europa das Einzige seiner Art (Camino San Antonio, Mo.–Fr. 10.00 bis 13.00 und 16.00–19.00 Uhr).

EIN GENUSS: IN HONIG GEBACKENE BANANE MIT EIS

Kanarische Bananencreme

Zutaten 4 kanarische Bananen, 1 reife Avocado, 1 EL frisch gepresster Zitronensaft, 1 TL Zucker, 100 ml Sahne, 2 EL Palmhonig (ersatzweise Ahornsirup), 2 EL gehackte Pistazienkerne

Zubereitung Die Bananen schälen; die Avocado mit einem Messer halbieren und mit einem Löffel das Fruchtfleisch aus der Schale nehmen. Die Früchte im Mixer pürieren. Zitronensaft und Zucker zugeben und die steif geschlagene Sahne unterheben. Die Creme in Portionsschälchen füllen, vor dem Servieren den Palmhonig darüber träufeln und mit Pistazien garnieren.

SAVOIR VIVRE

106–107

Eine exotische Mischung:
gegrillter Thunfisch mit fruchtiger Soße

ZIGARREN
Die Sache mit dem richtigen Dreh

Schräg gegenüber der Markthalle von Santa Cruz de la Palma gibt es eine kleine Altstadt-Bar. Durch die immer offene Tür ist schon von weitem das Klacken von Dominosteinen zu hören. Am Tresen stehen zwei Palmeros vor einem Tässchen Café solo. So als seien sie damit auf die Welt gekommen, steckt beiden lässig eine qualmende Puro (dt. die Reine) im Mundwinkel. Der Barmann reicht am Tisch der Dominospieler ein Holzkistchen herum. Bedächtig wählen die Spieler jeweils eine Longfiller aus, halten sie ans Ohr, um mit leichtem Drücken der Zigarre eventuell ein Knistern hervorzulocken und so den Feuchtigkeitsgehalt zu prüfen. In der Bar Cervantes herrscht meist dicke Luft. Auch nach dem 2006 spanienweit erlassenen Antitabakgesetz. Bars und Restaurants unter 100 m dürfen selbst entscheiden, ob gequalmt werden darf oder nicht. Was darüber liegt, muss einen abgeteilten Raum für Raucher haben. Von den vielen kleinen Bars auf der Insel brauchen das die wenigsten.

DER RICHTIGE ZIGARRENDREH

Kubanische Wurzeln

Natürlich wird bevorzugt geraucht, was auf der Insel produziert wird. La Palma ist für seine Zigarren berühmt. Gut zwei Dutzend Manufakturen gibt es auf der Insel, neben meist kleinen Familienbetrieben auch etliche Ein-Mann-Werkstätten. Das Handwerk kam zu Beginn des 19. Jahrhunderts auf die Kanaren, als aus Kuba zurückkehrende Emigranten das dort erlernte Know-how im Zigarrendrehen in der alten Heimat zunächst für den Eigenbedarf, später dann auch als Existenzgrundlage betrieben.

Der Tabak selbst ist bereits hundert oder zweihundert Jahre früher auf der Insel heimisch geworden. Das subtropische Klima und der in verschiedenen Höhenlagen betriebene Anbau bringen recht ansprechende Qualitäten hervor. Bevorzugt wird das Nachtschattengewächs im Gemeindegebiet von Breña Alta und in der Caldera de Taburiente kultiviert. Doch der Anbau auf La Palma ist stark rückläufig. Auf den

„Das Rauchen abgewöhnen? Nichts leichter als das ...ich habe es schon tausend Mal getan."

Mark Twain

kleinen terrassierten Feldern rentiert er sich nicht mehr, der Kilopreis kann schon lange nicht mehr mit dem der großen Tabakfarmer in Übersee konkurrieren. Für sich allein genommen würde palmerischer Tabak ohnehin nicht den gestiegenen Ansprüchen genügen. Wie beim Kaffee macht es auch beim Tabak die richtige Mischung, die palmerischen Torcedores (span. torcer = drehen) mischen heute Tabaksorten aus den besten Anbaugebieten der Welt.

Die Kubakrise bescherte in den 1960er-Jahren den palmerischen Zigarren einen unverhofften Boom. Das vom amerikanischen Präsidenten John F. Kennedy verhängte und seitens der USA bis heute gültige Handelsembargo gegenüber Kuba traf

NUR NOCH DER HUT FEHLT: ZIGARRENGENUSS AUF TENERIFFA

die kubanische Tabakindustrie mitten ins Mark. Die Vereinigten Staaten als bislang einer der Hauptabnehmer für kubanische Zigarren sahen sich nach anderen Exportländern um und erkoren unter anderem das kleine La Palma zu einem wichtigen Handelspartner. Zwar verlagerte sich das Hauptgeschäft für den amerikanischen Markt bald in die Dominikanische Republik, doch der kleinen Kanareninsel blieb eine Nische erhalten.

Während viele Mini-Betriebe auf La Palma oft nur für Privatkundschaft arbeiten, beschäftigt Marktführer Vargas in seiner Manufaktur über 50 Zigarrendreher. Der 1925 von Manuel Vargas gegründete Familienbetrieb wird in der dritten Generation betrieben, bereits Winston Churchill gehörte zu den Kunden. Vargas ist Hoflieferant des spanischen Königshauses und exportiert seine Premiumzigarren außer in die USA auch nach Deutschland. Die Vargas reserva etwa, ein Longfiller von bis zu 170 mm Länge, besticht durch ein mildes, leicht süßliches Aroma.

Von Hand gerollt

Und etwas ganz Wichtiges: So gut wie alle palmerische Zigarren tragen das Gütesiegel „hecho a mano". Das heißt, sie werden ausschließlich in Handarbeit hergestellt. Der Fachmann erkennt an der Einlage, ob es sich um handgefertigte Longfiller handelt, für die ausschließlich ganze, lediglich entrippte Blatthälften verwendet werden. Im Unterschied dazu werden Shortfiller aus maschinell zerrissenen Einlageblättern hergestellt und sind in der Regel auch maschinell gerollt. Mit ihrem leichten Zug bieten sie sich vor allem für Einsteiger an. Doch richtige Aficionados schwören auf Longfiller.

Wie aus dem getrockneten Blatt eine Zigarre hergestellt wird, kann außer in einer der kleinen Tabaquerías beispielsweise auch in der Abflughalle des Airports von La Palma beobachtet werden. Die Einlageblätter werden zunächst in ein Umblatt gewickelt. Diese sogenannte Puppe erhält dann in einem Presskasten das gewünschte Format. Dann kommt das Deckblatt (span. capa) darüber, es ist sozusagen das A & O einer Zigarre. Dazu werden nur ausgesuchte Blätter von gleichmäßigem Farbton und ohne Flecken verwendet. Die Capa will exakt geschnitten sein, und am Ende wird sie mit einem Naturleim zusammengeklebt.

JEDE PURO DE LA PALMA IST HANDGEROLLT

Verkaufsstellen

Estanco Vargas, Santa Cruz (La Palma), Avda. Marítima 54, www.tabacosdelapalma.com. Das Geschäft des Marktführers befindet sich in einem kleinen Souterrainlokal an der Küstenstraße. Meist kann einem Zigarrendreher bei der Arbeit direkt über die Schulter geschaut werden.

Artesanía Sanlupe, Santa Cruz (La Palma), Calle O'Daly 29. Große Auswahl an Zigarren; in der Fußgängerzone der Altstadt.

Condal & Peñamil, Santa Cruz (Teneriffa) Callejón del Combate 9-13. Gediegenes Café-Restaurant mit Rauchersalon, dem ein kleines Tabakmuseum und ein Zigarrenshop angeschlossen sind, in dem die eigenen Marken Goya, Peñamil und Condal angeboten werden.
Sa–So 11–19 Uhr.

Formate und Größen

Palmerische Zigarrendreher beschränken sich im Wesentlichen auf ein halbes Dutzend gängiger Formate, etwa die schlanke Panatela oder die kurze, dafür dickere Robusto. Und natürlich darf auch das nach dem englischen Premierminister Winston Churchill benannte Churchill-Format nicht fehlen – dieses vereint eine ordentliche Länge von 178 mm mit einem recht dicken Durchmesser von 19 mm. Die zylindrisch geformte Corona wird dagegen auf La Palma kaum gemacht. Palmerische Formate werden aus feinsten Java-, Brasil- und Kubatabaken hergestellt und in ein helles Conneticut-Deckblatt gerollt. Ein geschickter Dreher stellt pro Tag gut 200 Puros her, eine so ebenmäßig geformt wie die andere.

Als besonderer Service wird auf Wunsch nach persönlichen Vorgaben eine individuelle Banderole angefertigt. Sie kann den Namen des Käufers oder desjenigen tragen, an den die Zigarre verschenkt werden soll. Auf La Palma sind Bauchbinden für spezielle Anlässe populär, etwa für eine Taufe oder eine Hochzeit, zu der dann die ganze Festgesellschaft (zumindest die männliche Hälfte) mit Zigarren versorgt wird, die den Namen des Taufkindes bzw. des Hochzeitspaares und das Datum des Anlasses tragen. Für die Anfertigung sollte man dem Zigarrendreher ein paar Tage Zeit lassen.

Die schlechte Nachricht zum Schluss: Obwohl Zigarrenrauch nicht inhaliert wird, ist Zigarrenrauchen keinesfalls gesünder als Zigarettenrauchen. Anstelle von Lungenkrebs leiden starke Zigarrenraucher vielfach an Tumoren im Mundraum. Doch wie sagte schon Paracelsus: Allein die Dosis macht das Gift.

MÄRKTE

BAUERNMÄRKTE
Knackfrisch und kunterbunt

Kanarische Bauernmärkte und Markthallen sind ein Spiegelbild des milden subtropischen Klimas, das rund ums Jahr erntefrisches Gemüse und ausgereifte tropische Früchte hervorbringt. Auf den Zentralinseln Teneriffa und Gran Canaria wird alles angeboten, was der Boden hergibt. Und da meist direkt vom Erzeuger verkauft wird, zu Preisen, die vielfach günstiger als in den Supermärkten sind.

Alles Käse

Auf keinem Markt darf der für die Inseln typische Ziegenkäse fehlen. Er wird vielfach schlicht und einfach Queso blanco (weißer Käse) genannt. Mit Labferment geronnene Milch wird in Körbchen zu ein bis drei Kilo schweren Laiben gepresst und anschließend meist etwas geräuchert (ahumado). Frischer Ziegenkäse (Queso fresco) zeichnet sich durch einen angenehm milden Geschmack aus. Da er noch reichlich Molke abgibt, bewahrt man ihn am besten auf einem abgedeckten Teller auf. Außer jungem Ziegenkäse gibt es den Queso blanco in vier Reifegraden, angefangen vom lediglich eine Woche gereiften halbfesten Schnittkäse Semi tierno bis hin zum mindestens 60 Tage alten Queso duro, einem mitunter etwas krümeligen Hartkäse, der in Konsistenz und Geschmack an Parmesan erinnert. Je nach Sorte bedarf es für ein Kilo Käse einer Menge von 5 bis 10 Liter Milch. Zur geschmacklichen Abrundung wird kanarischer Ziegenkäse vielfach mit Gofiomehl oder edelsüßem Paprika (con pimiento) eingerieben. Die besten Qualitäten kommen neben La Palma und El Hierro von den Ostinseln Lanzarote und Fuerteventura, wo angesichts der kargen Vulkanböden die Ziegenhaltung eine bescheidene landwirtschaftliche Nutzung ermöglicht. Ziegenkäse wird in so gut wie jeder Tapa-Bar angeboten, in Bodegas verzehrt man ihn vielfach zum Wein, in Restaurants findet er sich auf Käseplatten oder – besonders apart – als Vorspeise gebraten.

Teneriffas Gemüsegarten

Einer der größten Wochenmärkte wird in Tacoronte abgehalten. Die fruchtbare Region im Norden Teneriffas ist sozusagen der Gemüsegarten der Insel und zugleich auch das bekannteste Weinanbaugebiet der Kanaren. Auch Schnittblumen wie Strelitzien werden in größerem Stil rund um den Gemeindeort kultiviert. Die große Markthalle im Ortsteil San Juan zieht jedes Wochenende tausende von Besuchern an. Das vielfältige Angebot bündelt sich an mehr als hundert Ständen, die Renner sind frisches Obst und Gemüse, darunter auch Apfelsinen, Papayas und Guaven aus ökologischem Anbau. Daneben gibt es frische Backwaren und Inselhonig aus der Caldera de Taburiente.

In den Bergen von Gran Canaria

Das Pendant zu Tacoronte ist der Landmarkt von San Mateo im Bergland von Gran Canaria. Auf dem Mercado Agrícola warten jedes Wochenende Berge von Zwiebeln, Kürbissen, Kohlköpfen und jungen Karotten mit überquellenden Ständen auf Kundschaft. Hausfrauen decken sich mit scharfen Paprikaschoten, Knoblauch und frischen Bunden von aromatisch duftendem Koriandergrün (cilantro) ein, und was sonst noch an Zutaten für die traditionell zum Fisch servierte grüne Mojosauce gebraucht wird. Junge Kartoffeln gibt es praktisch immer, sie werden mehrmals im Jahr geerntet. Viele Hauptstädter aus dem nahen Las Palmas verbinden den Einkauf in San Mateo mit einem Wochenendausflug in die Berge.

MELONENTEST AUF DEM BAUERNMARKT

SAVOIR VIVRE

110–111

Während in San Mateo die Canarios vor allem in den frühen Morgenstunden so gut wie unter sich sind, geht es im nur 20 km entfernten Teror ausgesprochen touristisch zu. Das Marktgeschehen in dem hübschen Landstädtchen spielt sich rund um die Basilika ab, die jedes Jahr im September Ziel einer großen Wallfahrt ist. Teror ist für seine Wurstspezialitäten bekannt, etwa die mettwurstartige Paprikawurst (chorizo) und die für fremde Gaumen etwas gewöhnungsbedürftige gesüßte Blutwurst (morcilla). Typisch kanarische Produkte muss man in Teror mittlerweile allerdings suchen, der Sonntagsmarkt wird zunehmend von afrikanischen Händlern dominiert, die billiges, vielfach auf alt getrimmtes Kunsthandwerk im Gepäck haben.

In Sachen „Käse" hat Gran Canaria mit dem so genannten Blumenkäse (Queso de flor) etwas ganz besonderes zu bieten. Als Gerinnungsmittel für die Milch wird der Blütensaft einer wilden Artischockenart verwendet, was dem cremigen Käse ein mildes Aroma verleiht. Blumenkäse wird nur in kleinen Mengen fast ausschließlich in Santa Maria de Guía hergestellt, doch auch in San Mateo und in Teror gibt es ihn.

Spezialitäten von der Isla verde

Von den Kleinen Kanaren kann die Insel La Palma gleich mit zwei populären Landmärkten aufwarten. Der größere davon ist in Mazo, vor allem am Samstag geht es in der Markthalle unterhalb vom Rathaus sehr lebhaft zu. Verkauft werden darf nur, was auf der Insel produziert worden ist. Das Angebot ist knapp, vielfach sind Raritäten wie Kapstachelbeeren und die süßaromatischen kleinen Mangos aus dem Norden schnell ausverkauft. Neben frischem Obst und Gemüse gibt es zudem etliche Spezialitäten zu entdecken, beispielsweise hausgemachte Konfitüren aus Maulbeeren, Papayas, Maracujas und den stachligen Früchten des Feigenkaktus. Wer es pikanter mag, findet eine große Auswahl an grünen und roten Mojosaucen. Trotz des gut eingespielten und reibungslosen Ablaufs wirkt so manches noch improvisiert, so sind etwa viele der Etiketten und Zutatenlisten handgeschrieben. Doch das macht vielleicht gerade bei ausländischen Gästen den Reiz des Marktes aus. Besonders praktisch: Gleich am Eingang der Markthalle macht eine große Anzeigentafel mit dem Preisniveau bekannt. Bananen

GROSS IST DAS ANGEBOT AUF DEM MERCADO DE LAS PALMAS

gibt es bereits ab 50 Cent das Kilo, auch Avocados sind ausgesprochen günstig, sie werden nie per Stück, sondern immer kiloweise angeboten.

Eine Nummer kleiner und atmosphärisch nicht ganz so aufgeladen gibt sich der Mercadillo in Puntagorda. Die neue Markthalle liegt etwas ab vom Schuss am Rande eines Kiefernwaldes, der nach dem Einkauf zu ausgiebigen Spaziergängen einlädt. Puntagorda wird von Tausenden von Mandelbäumen eingerahmt, und aus Mandeln hergestellte Spezialitäten wie Man-

EINGANG ZUM MARKT VON SANTA CRUZ

Wochenmärkte

Teneriffa: Mercadillo del Agricultor de Tacoronte, Ctra. Tacoronte – Valle Guerra, Sa./So. 8.00–14.00 Uhr, **Mercado Nuestra Señora de África**, Santa Cruz, Calle San Sebastián, Mo.–Sa. 6.00–13.30 Uhr

Gran Canaria: Mercado de Las Palmas, Calle Mendizábal, Mo.–Sa. 8.00 bis 15.00 Uhr, **Mercado te Teror**, Plaza de Teror, So. 8.00–14.00 Uhr, **Mercado Agrícola de la Vega de San Mateo**, Plaza del Mercadillo, Sa. 8.00–20.00 und So 8.00–14.00 Uhr

La Palma: Mercadillo Municipal de Mazo, Calle Doctor Trasera Bravo, Sa. 16.00–19.00 und So. 9.00–13.00 Uhr, **Mercadillo de Puntagora**, El Fayal, Sa. 15.00–19.00 und So. 11.00–15.00 Uhr, **La Recova** (Mercado Municipal), Santa Cruz, Avda. El Puente 16, Mo.–Sa. 7.00 bis 14.30 Uhr

delbrot und Mandelplätzchen finden sich natürlich auch auf dem lokalen Wochenmarkt. Von deutschen Einwanderern wird ein cremiges Mandelmus hergestellt, das sich als Brotaufstrich oder zum Verfeinern von Saucen verwenden lässt – sehr lecker!

SERVICE

ANREISE

Mit dem Flugzeug: Die Kanarischen Inseln werden im Charterverkehr von allen großen Flughäfen in Deutschland, Österreich und der Schweiz angeflogen. Iberia bietet auch Linienverbindungen an. Der Billigflieger Ryanair bedient Teneriffa und Fuerteventura ab Bremen, Hahn, Weeze. Flugzeit je nach Flughafen vier bis fünf Stunden.

Mit der Fähre: Vom südspanischen Hafen Cádiz verkehrt einmal wöchentlich eine Autofähre der Acciona Trasmediterránea nach Santa Cruz de Tenerife. Die Überfahrt dauert etwa 40 Stunden.

AUSKUNFT

Fremdenverkehrsamt: Spanisches Fremdenverkehrsamt, Kurfürstendamm 63, 10707 Berlin, Tel. 030/8826543, berlin@tourspain.es
1010 Wien, Walfischgasse 8, Tel. 01/5129580, viena@tourspain.es
0000 Zürich, Seefeldstr. 19, Tel. 044/ 2527930, zurich@tourspain.es

Internet: Allgemeine Infos zu den Kanarischen Inseln unter www.tourspain.es. Die offiziellen Homepages der jeweiligen Inselregierung informieren über Natur, Kultur und Wirtschaft und geben praktische Tipps:

Teneriffa www.webtenerife.com
La Palma www.lapalmaturismo.com
La Gomera www. gomera-island.com
El Hierro www.el-hierro.org
Gran Canaria www.turismograncanaria.com
Fuerteventura www.fuerteventuraturismo.com
Lanzarote www.turismolanzarote.com

AUTOFAHREN

Tempolimits 50 km/h in geschlossenen Ortschaften, auf Landstraßen 90 km/h und auf Autobahnen 100 km/h. **Verkehrsregeln** Gewöhnungsbedürftig sind die vielen Verkehrskreisel – wer im Kreis ist, hat in der Regel Vorfahrt. **Parken** In größeren Orten sind mit blauen Linien markierte Parkzonen kostenpflichtig, gelbe Linien signalisieren ein Parkverbot. **Alkoholgenuss** Die Promillegrenze beträgt 0,5.

DIPLOMATISCHE VERTRETUNGEN

Deutschland: Konsulat, Calle Albareda 3, 35007 Las Palmas, Tel. 928491880
Österreich: Honorarkonsulat, c/o Hotel Eugenia Victoria, Avda. de Gran Canaria 26, 35100 Playa del Inglés, Tel. 928762500.

Auf den Kanaren – hier Puerto de Santiago auf Teneriffa – ist das ganze Jahr Saison

Schweiz: Konsulat, Urb. Bahía Feliz, Edifico de Oficinas, 35107 Playa de Tarajalillo, Gran Canaria, Tel. 928157979.

ESSEN UND TRINKEN

Die kanarische Küche ist eine bodenständige Bauernkost, die von dem lebt, was die Inseln hergeben. Kulinarische Höhenflüge dürfen nicht erwartet werden, obschon sich in jüngster Zeit etliche Restaurantköche bemühen, den traditionellen Rezepten eine kreative Note zu geben.
Vorspeisen, Suppen Als Ingredienzen für die gehaltvollen kanarischen Suppen und Eintöpfe stehen Kichererbsen, Kürbis und Süßkartoffeln im Vordergrund. Typisch ist auch die Fischsuppe (zarzuela) sowie das rancho canario, eine sämige Gemüsesuppe mit Nudeleinlage. **Hauptgerichte** An Atlantikfisch werden vor allem Papageienfisch (vieja), Goldbrasse (dorada) und Zackenbarsch (mero) aufgetischt. Am besten schmeckt Seafood von der heißen Platte (a la plancha). Einen Querschnitt gibt die vielerorts angebotene, meist opulent ausfallende gemischte Fischplatte (pescado mixto). An Fleischspezialitäten empfehlen sich Zickleinbraten (cabrito), gebeiztes Kaninchen (conejo) und Lammgerichte (cordero). **Beilagen** Die Beilage schlechthin sind **Papas arrugadas**, in Salzwasser samt Schale gekochte Kartoffeln. Sie werden zusammen mit **Mojo**, einer roten oder grünen Tunke, verzehrt. Die grüne Variante (mojo verde) gewinnt ihr pikantes Aroma durch die Zugabe von Korianderkraut. Wesentlich schärfer kommt die aus Chilischoten gemachte rote Mojo daher. Ein Kapitel für sich ist **Gofio**, ein überaus nahrhafter Getreidebrei, der schon den kanarischen Ureinwohnern als Grundnahrungsmittel diente (siehe S. 69). **Dessert** Die Kalorienbombe ist Bienmesabe, eine mit Eiern und viel Zucker angereicherte Mandelcreme. Vom Festland hat sich der Karamelpudding (flan) eingebürgert. **Getränke** Die guten und exzellenten Tischweine der Kanaren kommen von Teneriffa (Viña Norte), Lanzarote (El Grifo) und La Palma (Teneguía). Kaffee gibt es schwarz als café solo oder als eher auf den mitteleuropäischen Geschmack abgestimmten Milchkaffee (café con leche) oder mit weniger Milch als cafe cortado.

FEIERTAGE UND FESTE

Der Festkalender wird vom Kirchenjahr bestimmt. Dabei nehmen religiöse Prozessionen kombiniert mit Tanz, Folklore und Feuerwerk meist Volksfestcharakter an. Die Termine der wichtigsten Fiestas sind im Infoteil der jeweiligen Insel aufgeführt.

GESUNDHEIT

Ärztliche Versorgung: Besondere Gesundheitsvorsorge ist für die Kanarischen Inseln nicht notwendig. In allen großen Ferienzentren haben sich deutsch sprechende Ärzte niedergelassen. Für die freie Arztwahl empfiehlt sich der Abschluss einer privaten Zusatzversicherung.

HOTELS

Hotels und Pensionen stehen auf den Kanarischen Inseln in allen Preisklassen zur Verfügung. Je nach Komfort und Ausstattung werden sie in fünf Kategorien (Sterne) eingeteilt. Pauschalpreise kommen in der Regel günstiger als eine vor Ort gebuchte Unterkunft.

Preiskategorien

€€€	Doppelzimmer	über 100 Euro
€€	Doppelzimmer	60–100 Euro
€	Doppelzimmer	bis 25 Euro

Teneriffa

Playa de las Américas: €€€€€ **Gran Hotel Bahía del Duque Resort**, Tel. 922746900, Fax 922742616, www.bahia-duque.com. Das mit etlichen Preisen ausgezeichnete mondäne Resort setzte nach der Eröffnung Mitte der 1990er-Jahre neue Maßstäbe in der Hotelarchitektur. Die Nobelherberge ist ein kleines Städtchen für sich mit 20 individuell gestalteten Häusern, die sich im detailverliebten Stil wie vor 100 Jahren präsentieren. Die großzügig geschnittenen 480 Zimmer atmen luxuriöse Eleganz.

€€€€ **Villa Cortés**, Avenida Rafael Puig s/n, Tel. 922757197, Fax 922792690, www.europe-hotels.org. Das Hotel gibt sich nicht nur vom Namen her mexikanisch. Warme Pastelltöne gestalten den mit Treppengängen und Patios verbundenen verschachtelten Hotelkomplex. In der Einrichtung der 152 Zimmer und Suiten setzt sich das mexikanische Ambiente fort.

Puerto de la Cruz: €€€ **Tigaiga**, Parque Taoro 28, Tel. 922383500, Fax 922384055, www.tigaiga.com. Äußerlich ein eher schlichter Bau aus den 1950er-Jahren, dafür sehr ruhig gelegen in einem subtropischen Garten hoch über dem Stadtzentrum. Das Familienhotel wird in der dritten Generation geführt und wurde von TUI-Gästen bereits mehrfach zum ›beliebtesten Ferienhotel der Welt‹ gewählt. Auf umweltfreundliches Hotelmanagement wird großen Wert gelegt.

€€€ **Marquesa**, Calle Quintana 11, Tel. 922383151, Fax 922386950, www.hotelmarquesa.com. Das 300 Jahre alte Bürgerhaus liegt mitten in der Altstadt in einer belebten Fußgängerzone. Prächtige Balkongalerien und ein schmucker Innenhof verströmen nostalgisches Flair, auf der Dachterrasse gibt es einen kleinen Pool.

La Palma

La Palma: €€€ **Teneguía Princess & Spa**, Cerca Vieja 10, **Los Canarios**, Tel. 922425500, Fax 922425508, www.princess-hotels.com. Das Vier-Sterne-Hotel befindet sich zusammen mit dem benachbarten Schwesterhotel La Palma Princess in sehr ruhiger Alleinlage an der Lavaküste 8 km unterhalb von Los Canarios. Etwa 300 komfortable helle Zimmer und Suiten verteilen sich auf ein zweistöckiges Haupthaus und fünf Nebengebäude. Besonders gelungen ist die mehrere Badebecken umfassende Poollandschaft, eine schwarzsandige Bucht ist nur wenige Gehminuten entfernt. Wegen der abgeschiedenen Lage empfiehlt sich ein Mietwagen.

Puerto Naos: €€ **Apartamentos Horizonte**, Calero Gabriel Lorenzo 19, Tel. 922408147, Fax 922408178, www.tamanca.com. Das zweistöckige Haus steht exponiert auf einem Felsen oberhalb des Strands. Die neun Apartments sind mit einer Kochnische ausgestattet, eine Sonnenterrasse befindet sich auf dem Dach.

Todoque: €€ **Finca Tropical**, Los Palacios 59, Tel. und Fax 922480162, www.la-palma-tourismus.com. Ausgesprochen ruhig gelegen, mitten im Bananengürtel. Von den 14 zweckmäßig ausgestatteten Studios und Apartments hat man einen wunderbaren Ausblick aufs Meer. Es empfiehlt sich ein Mietwagen.

Puntagorda: € **Mar y Monte**, Calle Pino de la Virgen, Tel. und Fax 922493067, www.la-palma.de/marymonte. Die kleine Pension im abgeschiedenen Nordwesten der Insel ist für Ruhe suchende Individualreisende ideal. Die 5 Doppelzimmer sind schlicht und dennoch elegant möbliert. Von der Dachterrasse kann man wunderbar durch ein Teleskop in die Sterne gucken.

La Gomera

Playa de Santiago: €€€€ **Jardín Tecina**, Tel. 922145850, Fax 922145851, www.jardin-tecina.com. Die exponierte Lage auf einem Felskap, ansprechende Reihenbungalows mit kanarischen Balkonen und nicht zuletzt der 50000 m² große subtropische Garten machen das Hotel zur besten Adresse auf La Gomera. Vom Kliff führt ein Lift zum hoteleigenen Strandclub Laurel mit angeschlossener Tauchschule hinab.

Hermigua: €€ **Ibo Alfaro**, Valle Alto, Tel. 922880168, Fax 922881019, www.ecoturismocanarias.com/iboalfaro. Die deutsche Pächterin Ina Stomberg hat das 150 Jahre alte Haus zu einem behaglichen Landhotel hergerichtet. Die 17 Zimmer sind individuell mit Stilmöbeln eingerichtet. In ruhiger Hanglage mit weitem Talblick.

El Hierro

Las Playas: €€€€ **Parador de El Hierro**, Tel. 922558036, Fax 922558086, www.parador.es. Das komfortabelste Haus der Insel liegt völlig einsam am Fuß einer mächtigen Felswand direkt am Meer. Unbedingt nach einem Zimmer mit Meerblick fragen. Die Hotelküche offeriert typisch kanarische Gerichte.

Las Puntas: €€€ **Hotelito Punta Grande**, Tel. und Fax 922559081. Mit vier im maritimen De-

Hotel Marquesa in Puerto de la Cruz

Daten und Fakten

Lage: Die Inselgruppe liegt im Atlantischen Ozean vor der nordwestafrikanischen Küste. Von Fuerteventura, der östlichsten Insel, beträgt die Entfernung zum afrikanischen Festland rund 100 km.

Fläche: Der Archipel besteht aus sieben Hauptinseln mit einer Gesamtfläche von 7436 km². Die flächenmäßig größten Inseln sind Teneriffa (2034 km²) und Fuerteventura (1660 km²), die kleinste El Hierro (269 km²). Die Entfernung zwischen der westlichsten Insel El Hierro und Lanzarote im Osten beträgt gut 400 km.

Naturraum: Das Landschaftsbild wird vom Vulkanismus geprägt. Auf den vom feuchten Nordostpassat begünstigten Westkanaren stehen immergrüne Kiefern- und Lorbeerwälder im Kontrast zu bizarren Lavafeldern und eindrucksvollen Hochgebirgslandschaften. Die niedrigeren Ostinseln Lanzarote und Fuerteventura sind so gut wie unbewaldet und hinterlassen einen ausgesprochen kargen Eindruck.

Bevölkerung: Auf den Kanarischen Inseln leben etwa 2 Mio. Menschen. Am bevölkerungsreichsten sind Teneriffa (865000) und Gran Canaria (815000), am dünnsten besiedelt Fuerteventura (95000), La Gomera (22000) und El Hierro (10500). Die Bevölkerungsdichte beläuft sich auf 272 Einw./km².

Staat: Die Kanarischen Inseln sind ein Teil von Spanien. Sie haben den Status einer autonomen Region.

Wirtschaft: Trotz der touristischen Bedeutung nimmt die Landwirtschaft auf den Zentral- und Westinseln nach wie vor breiten Raum ein. Als Haupterzeugnisse werden Bananen, Tomaten, tropische Früchte und Schnittblumen exportiert.

Tourismus: Mit jährlich rund 10 Mio. Urlaubern ist der Fremdenverkehr der wichtigste Wirtschaftszweig.

Naturschutz: Die zügellose touristische Erschließung brachte so manches Umweltproblem auf die Inseln. Die schönsten Strände sind zugebaut, das Müllaufkommen hat sich drastisch erhöht, und der gestiegene Wasserbedarf muss vor allem auf den trockenen Ostinseln durch energieintensive Meerwasserentsalzungsanlagen gedeckt werden. Andererseits stehen auf allen sieben Inseln große Flächen unter Naturschutz, darunter auch drei Nationalparks. La Palma, El Hierro, Lanzarote und Teile Gran Canarias sind von der UNESCO zum Biosphärenreservat erklärt worden.

SERVICE

kor eingerichteten Minizimmern eines der kleinsten Hotels der Welt. Auch die Lage auf einer schwarzen Basaltklippe direkt am Wasser ist einmalig – rauschende Wellen singen die Gäste in den Schlaf. Das kleine angeschlossene Restaurant überzeugt durch gute Fischküche.

Gran Canaria
Las Palmas: €€€€ **Santa Catalina**, Calle León y Castillo 227, Tel. 928243040, Fax 928242764, www.hotelsantacatalina.com. Das luxuriöse Traditionshotel von 1890 liegt im Parque Doramas und ist eine bekannte Adresse für Prominenz aus Politik, Sport und Showgeschäft.

Maspalomas: €€€€ **Grand Hotel Lopesan**, Costa Meloneras, Calle Mar Mediterráneo 1, Tel. 928128100, Fax 928128122, www.lopesanhr.com. Das 2001 eröffnete Resort westlich vom Leuchtturm liegt direkt am Strand. Kanarische Stilelemente prägen das architektonische Gesicht der weitläufigen Anlage. Die 1136 Zimmer sind gediegen ausgestattet und verfügen alle über ein geschmackvolles Marmorbad. Der imposante Komplex ist in eine 76 000 m² große Gartenanlage eingebettet und verfügt über eine großzügige Poollandschaft sowie ein innovatives Wellnesscenter.

Puerto de Mogán: €€€ **Puerto de Mogán**, Tel. 928565066, Fax 928565438, www.hotelpuertodemogan.com. Ansprechende Architektur in bester Lage am Jachthafen. Die Zimmer sind hell und freundlich, außerdem gibt es hübsch eingerichtete Apartments, wahlweise mit einem oder zwei Schlafzimmern. Dem Hotel ist eine Tauchschule angeschlossen.

Gran Canaria: €€€ **Aldiana Mirador**, San Bartolomé de Tirajana, Tel. 928123000, Fax 928123023, deutsche Reservierungszentrale 01803/901049, www.aldiana.de. Das Clubresort zeigt, dass es sich auch ein Stück ab vom Meer vorzüglich urlauben lässt. Man wohnt inmitten der Berge auf etwa 1000 m Höhe. Der Club spricht vor allem sportliche Gäste an, Angebote gibt es für Wanderer und Biker, auch auf Wellness braucht nicht verzichtet zu werden. Für Badegäste und Golfer steht ein Busshuttle bereit.

Fuerteventura
Caleta de Fuste: €€€€€ **Elba Palace Golf**, Tel. 928163922, Fax 928163923, www.hoteles-elba.com. Das luxuriöse Hotel ist die ideale Adresse für Golffreunde – es liegt direkt am neuen 18-Loch-Parcours und beherbergt auch das Clubhaus. Holzbalkone und Patios geben dem zweistöckigen Gebäude mit seinen 60 elegant ausgestatteten Komfortzimmern und Suiten einen kanarischen Anstrich.

Antigua: €€€ **Era de la Corte**, Calle la Corte, Tel. 928878705, Fax 928878710, www.terra.es/personal/eradelacorte. Das stilvoll restaurierte Landhaus aus dem 19. Jh. verfügt über 11 mit antiken Möbeln individuell eingerichtete Zimmer.

Playa Barca: €€€ **Meliá Gorriones**, Tel. 928547025, Fax 928547000, www.solgorriones.solmelia.com. Architektonisch gesehen ist das siebenstöckige Hauptgebäude von gestern, doch die Alleinlage direkt am besten Surferstrand der Kanaren macht es zu einem idealen Standpunkt der Surferszene.

Geschichte

Um 1100 v. Chr. Die Phönizier erkunden die nordwestafrikanische Atlantikküste und gehen dabei vermutlich auf den Ostinseln an Land.

Ab 500 v. Chr. Nordwestafrikanische Berberstämme setzen in einfachen Booten auf die Kanarischen Inseln über und besiedeln den Archipel.

150 n. Chr. Der alexandrinische Astronom Ptolemäus legt den Nullmeridian durch El Hierro, den westlichen Rand der damals bekannten Welt.

1402 Im Dienst der Kastilischen Krone erobert der normannische Ritter Jean de Béthencourt Lanzarote. Die Ostinsel wird zum Sprungbrett für die Unterwerfung der ganzen Inselgruppe.

1492 Christoph Kolumbus legt auf seiner Reise in die Neue Welt einen Stopp auf La Gomera ein. Im selben Jahr wird La Palma in das aufstrebende spanische Weltreich eingegliedert.

1495 Nach heftigem Widerstand der Ureinwohner wird Teneriffa als letzte Kanareninsel unterworfen.

16. und 17. Jh. Die Kanarischen Inseln sind wiederholt das Ziel von Piratenangriffen, die Hauptstädte von La Palma, Fuerteventura und Lanzarote werden geplündert.

1723 Santa Cruz de Tenerife wird Hauptstadt der Kanarischen Inseln.

1730–1736 Auf Lanzarote legen Vulkanausbrüche ein Drittel der Insel in Schutt und Asche.

1799 Alexander von Humboldt besteigt den Pico del Teide auf Teneriffa.

1817 In La Laguna nimmt die erste Universität der Kanarischen Inseln den Lehrbetrieb auf.

1880 Britische Unternehmer legen auf den West- und Zentralinseln die ersten Bananenplantagen an.

1927 Die Inselgruppe erhält eine neue Verwaltungsstruktur. Die Westkanaren La Palma, La Gomera und El Hierro bleiben Santa Cruz de Tenerife unterstellt, Lanzarote und Fuerteventura werden fortan von Las Palmas de Gran Canaria verwaltet.

1936 General Franco bereitet von Teneriffa aus den Aufstand gegen die republikanische Madrider Regierung vor. Der Spanische Bürgerkrieg bricht aus. Franco geht drei Jahre später als Sieger daraus hervor und errichtet eine faschistische Diktatur.

1954 Auf Gran Canaria landet die erste Chartermaschine mit deutschen Feriengästen an Bord.

1978 Drei Jahre nach dem Tod General Francos gibt sich Spanien eine demokratische Verfassung.

1982 Die Sozialistische Partei (PSOE) gewinnt die ersten Wahlen nach dem Ende der Diktatur. Die Kanarischen Inseln erhalten den Status einer autonomen Region.

1992 Die Kanarischen Inseln werden in die Europäische Union aufgenommen.

1997 Mehr als 10 Millionen Feriengäste im Jahr besuchen die Kanaren.

1999 Als letzte Kanareninsel erhält La Gomera einen Flughafen.

2005 Nach La Palma, Lanzarote und El Hierro wird im Juni auch Gran Canaria zum Biosphärenreservat der UNESCO ernannt.

2006 Nach enormem Bevölkerungszuwachs wird im kanarischen Archipel die Zwei-Millionen-Grenze überschritten.

2007 Teneriffas Pico del Teide wird zum UNESCO-Weltkulturerbe ernannt.

2008 Im Süden Teneriffas eröffnet der Siam Park, Europas größter Wasserpark.

Lanzarote
Playa Blanca: €€€€€ **Gran Meliá Volcán Lanzarote**, Tel. 928519185, Fax 928519132, www.solmelia.com. Das Luxusresort oberhalb vom Jachthafen Marina Rubicón verkörpert ganz den Typ der neuen Hotelgeneration: 255 Zimmer im Landhausstil verteilen sich auf 20 individuell ge-

ANHANG

114–115

staltete Gebäude. Zu den ausgefallenen Ideen des Architekten Andrés Piñeiro gehört die Eingangshalle – es handelt sich dabei um eine Kopie der Pfarrkirche von Teguise. Ein Spa Center mit Sauna, Dampfbad und Whirlpool fehlt ebenso wenig wie ein erlesenes Gastronomieangebot.
Puerto del Carmen: €€€€ **Los Jameos Playa**, Playa de los Pocillos, Tel. 928511717, Fax 928514219, www.los-jameos-playa.de. Ein gepflegtes Strandhotel mit weitläufiger Badelandschaft in subtropischem Garten. Das Hotel gehört zur deutschen Seaside-Gruppe und ist mit über 500 Zimmern eines der größten Häuser am Ort. **San Bartolomé:** €€€€ **Finca de la Florida**, El Islote 90, Tel. 928521124, Fax 928520311, www.hotelfincadelaflorida.com. Das ruhige Landhotel liegt inmitten der Weinregion im Inselzentrum. Das Anwesen aus dem 18. Jh. verfügt über 15 antik möblierte Zimmer und eine Suite.

LITERATUREMPFEHLUNGEN

Reiseführer: Aus der Reihe Baedeker Allianz Reiseführer informieren Bände zu Teneriffa, La Palma, Gomera, Gran Canaria, Fuerteventura und Lanzarote detailliert über Land, Leute und Ortschaften. Die Reiseführer werden durch eine inliegende Inselkarte ergänzt.

Unterhaltung: Janosch, Gastmahl auf Gomera, Goldmann Verlag, München 2006. Der erfolgreiche Kinderbuchautor machte Teneriffa zu seiner Wahlheimat. Nach einer Stippvisite auf La Gomera erzählt er biografisch eingefärbte Geschichten von der Nachbarinsel. **Rafael Arozarena**, Mararía, Edition Lübbe, Bergisch-Gladbach 2000. In dem einfühlsam geschriebenen Roman aus dem Lanzarote der 1940er-Jahre steht eine als Hexe verschriene Dorfschöne im Mittelpunkt.

MIETWAGEN

Die Preise für einen Leihwagen sind günstig. Der Abschluss einer Vollkaskoversicherung ist obligatorisch. Zum Mieten eines Fahrzeuges muss man mindestens 21 Jahre alt sein.

POST

Briefe innerhalb Europas benötigen eine Laufzeit von etwa einer Woche. Das Porto für Karten und Briefe beträgt 60 Cent.

REISEZEIT

Die Kanarischen Inseln sind ein ganzjähriges Reiseziel. Die Temperaturen sind recht ausgeglichen.

Volkssport auf den Kanaren: Lucha canaria

Im Sommer ist es lange nicht so heiß wie am Mittelmeer, und im Winter herrscht an den Südküsten der Inseln angenehmes Badewetter. Die Nordhälften der Inseln können in den Wintermonaten allerdings vielfach wolkenverhangen sein. Hochsaison ist zwischen Weihnachten und Ostern.

SOUVENIRS

An kunsthandwerklichen Mitbringseln sind vor allem Stickereien, Flechtarbeiten und nach Art der Guanchen hergestellte Töpferwaren beliebt. Unter den kulinarischen Spezialitäten bieten sich Ziegenkäse, Mojo und Inselweine an. Vor dem Abflug kann in den Airport-Shops noch schnell ein Karton mit Strelitzien erstanden werden.

SPORT

Bergwandern: Die Kanaren sind ein ausgesprochen vielseitiges Wanderrevier. Vor allem die Westinseln bieten abwechslungsreiche Touren durch immergrünen Nebelwald, tief erodierte Schluchten und bizarre Vulkanlandschaften.

Biken. Die gebirgigen Inseln halten Radtouren für alle Ansprüche bereit. Räder können vor Ort in professionell geführten Bike-Stationen ausgeliehen werden, diese bieten auch Tourenprogramme an.

Gleitschirmfliegen: Dank der exzellenten Thermik und des milden Klimas sind die Kanaren ein populäres Winterfluggebiet. Start- und Landeplätze gibt es auf Lanzarote, Teneriffa, La Palma.

Golfen: Die beste Adresse für Golfer ist der Süden Teneriffas mit gleich sechs Parcours zur Auswahl. Golfen kann man aber auch auf Gran Canaria, Lanzarote, Fuerteventura und La Gomera.

Tauchen: Zu den schönsten und beliebtesten Unterwasserrevieren gehören die Südküste von El Hierro, die Riffs vor Puerto del Carmen auf Lanzarote und Jandía auf Fuerteventura.

Windsurfen: Neben dem Surferparadies Fuerteventura gibt es auch auf Lanzarote (Playa de las Cucharas), Gran Canaria (Pozo Izquierdo) und Teneriffa (El Médano) sehr gute Spots.

TELEFON

Telefonkarte: Internationale Gespräche werden am billigsten von einem öffentlichen Münz- oder Kartentelefon geführt. Telefonkarten (tarjetas telefónicas) zu 6 und 12 Euro gibt es am Zeitungskiosk und in Tabakläden.

Handy Handybesitzer müssen im Ausland für ankommende Gespräche auch bezahlen.

Reisedaten Kanarische Inseln

Flug von Deutschland
Ab Frankfurt/M.–
Kanarische Inseln ab 250 €

Inlandsverkehr
Taxifahrt
10 km kosten 6 €

Reisepapiere
Personalausweis

Währung
Euro

Mietwagen
ab 20 € pro Tag (unbegrenzte Kilometer)

Benzin
1 Liter Super ca. 1 Euro

Hotel
DZ/Frühstück: Luxuskat. ab 150 Euro, Mittelklasse ab 50 Euro

Ferienhaus
Woche ab 250 Euro

Menü
3 Gänge mit Wein pro Person ab 25 Euro

Einfaches Essen
Hauptgericht ab 6 Euro

Ortszeit
MEZ/MSZ
-1 Std.

SERVICE

Vorwahlen: Für Anrufe von den Kanarischen Inseln nach Deutschland wählt man die internationale Landeskennzahl 0049, nach Österreich 0043 und in die Schweiz 0041. Die Vorwahl für Gespräche auf die Kanaren ist 0034.

VERKEHRSMITTEL

Busse (guaguas): Teneriffa und Gran Canaria verfügen über ein hervorragend ausgebautes Busnetz, auf den kleineren Inseln werden dagegen nur die Hauptorte angefahren.

Taxi: Gefahren wird üblicherweise mit Taxameter. Für Überlandfahrten gibt es eine am Taxistand angeschlagene oder eine beim Fahrer einzusehende Liste mit festen Preisen.

Flugverbindungen: Drehscheiben im innerkanarischen Flugverkehr sind der Nordflughafen Los Rodeos auf Teneriffa und Gando auf Gran Canaria. Von diesen Airports werden alle Inseln mehrmals täglich angeflogen. Die innerkanarische Fluggesellschaften sind Binter Canarias (www.bintercanarias.com) und Islas Airways (www.islasairways.com).

Fährverkehr: Autofähren und Schnellboote verbinden alle sieben Inseln miteinander. Die für Feriengäste wichtigsten Strecken sind: Los Cristianos (Teneriffa)–San Sebastián (La Gomera); Los Cristianos–Valverde (El Hierro); Santa Cruz (Teneriffa)–Las Palmas (Gran Canaria); Las Palmas–Morro Jable (Fuerteventura); Corralejo (Fuerteventura)–Playa Blanca (Lanzarote). Anbieter sind Fred Olsen, Naviera Armas und Garajonay Exprés.

ZOLLBESTIMMUNGEN

Die Kanarischen Inseln haben innerhalb der Europäischen Union einen Sonderstatus und gehören nicht der Zollunion an. Bei der Wiedereinreise nach Deutschland und Österreich sind folgende zollfreie Höchstmengen erlaubt: 200 Zigaretten oder 50 Zigarren, 1 Liter Spirituosen oder 2 Liter Wein, 50 g Parfum.

Wetterdaten Kanarische Inseln

	Höchstemp. max.	Tiefsttemp. min.	Tage mit Niederschlag	Sonnenstunden pro Tag
Januar	20°	14°	7	6
Februar	21°	14°	5	7
März	22°	15°	4	7
April	23°	16°	2	8
Mai	24°	17°	1	9
Juni	26°	19°	0	10
Juli	28°	20°	0	11
August	29°	21°	0	11
September	28°	21°	0	8
Oktober	26°	19°	4	7
November	24°	17°	5	6
Dezember	21°	16°	7	5

Bitte ausfüllen, abtrennen und einsenden!

Top-Abonnement-Trio – supergünstig!

Reisefieber im Vorzugsabo!

☐ Ja, senden Sie mir bitte die nächsten drei Ausgaben HB Bildatlas im Mini-Abo zum Vorzugspreis von nur € 16,80 (D) frei Haus. (HB259)

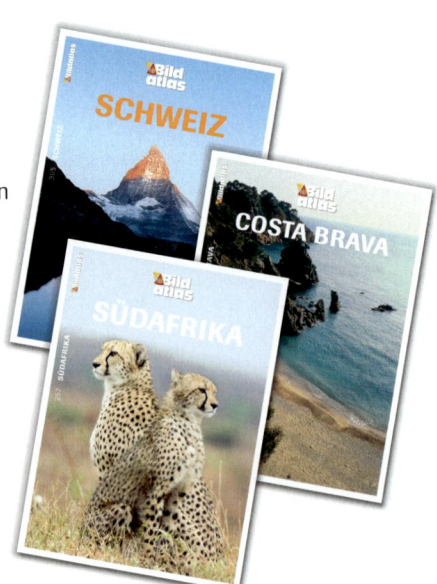

Meine Anschrift lautet:

Name:

Vorname:

Straße/Nr.:

PLZ: Wohnort:

Tel.: E-Mail:

Datum: Unterschrift: ✗

In diesen Abonnements ist Musik drin!

Als Dankeschön für Ihre Bestellung erhalten Sie von uns automatisch dieses Mini-Radio gratis.

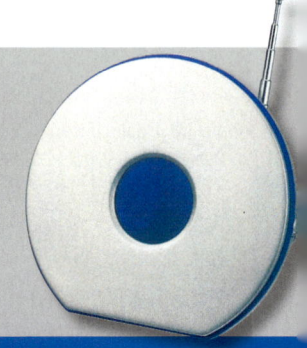

Nachdem ich die dritte Ausgabe erhalten habe, kann ich 10 Tage prüfen, ob ich den HB Bildatlas weiter beziehen möchte. Lasse ich in dieser Zeit nichts von mir hören, erhalte ich den HB Bildatlas für 6 Ausgaben zum Vorzugspreis von € 44,40 innerhalb Deutschland. Ich kann das Spezial-Abonnement jederzeit kündigen. Das Geld für bereits bezahlte, aber noch nicht gelieferte Ausgaben erhalte ich selbstverständlich zurück.

Bestelladresse: Leserservice HB Bildatlas · Postfach 810640 · 70523 Stuttgart
Tel.: 07 11/7252-265 · Fax: 07 11/72 52-333 · E-Mail: hbverlag@zenit-presse.de

Sollte es wider Erwarten einmal zu Beanstandungen kommen, können Sie sich jederzeit unter folgender Anschrift an mich wenden: HB Verlag, Frau Dr. Mair-Huydts, Marco-Polo-Straße 1, 73760 Ostfildern

REGISTER

ANHANG

Fette Ziffern verweisen auf Abbildungen.

El Hierro
Cala de Tacorón **60**, 63
El Golfo **59**, 63
La Frontera 63
La Restinga **60**, 63
Las Puntas **56/57**, 63
Playa del Verodal **60**, 63
Pozo de la Salud 63
Puerto de la Estaca 63
Sabinosa 63
Santuario de la Virgen de los Reyes **60**
Valverde **61**, 63

Fuerteventura
Ajuí 90
Antigua **82**, 90
Betancuria **82/83**, **90**, 90
Caleta de Fuste **85**, 90
Corralejo 89
Costa Calma 90
El Cotillo 89
Gran Tarajal 90
Jandía Playa **86**, 91
Lajares 89
La Oliva 89
Las Playitas **84**, 90
Morro Jable **86**, 91
Pájara 90
Playa Barca **87**
Playa de Sotavento **16/17**, 91
Puerto del Rosario 89
Punta de Jandía 91
Tiscamanita 90
Tefía 89
Tuineje 90
Vega de Río de las Palmas **84**, 90

Gran Canaria
Arguineguín 77
Artenara **79**, 79
Arucas 78
Barranco de Agaete 80
Cenobio de Valerón **68**, 69, 78
Cruz de Tejeda 79
Dunas de Maspalomas **64/65**, 77
Firgas **68**, 78
Gáldar 69
Jardín Canario **76**
La Guancha 78
Las Palmas **66/67**, **75**, 75
Maspalomas 77
Palmitos Park 77
Playa de Güigüí 78
Playa del Inglés **72**, **77**, 76
Puerto de las Nieves 78
Puerto de Mogán **8/9**, **73**, 77
Puerto Rico 77
Roque Nublo 79
Santa Lucía **72**, 77
San Nicolás 79
Sardina 78
Tafira Alta 76
Tejeda 79
Telde 76
Teror **70/71**, 78

La Gomera
Agulo **53**, 55
Barranco de Benchijigua **14/15**
Hermigua **52**, 55
La Calera 55
Parque Nacional de Garajonay **50/51**, 55
Playa de Santiago 55
San Sebastián 55
Valle Gran Rey **50/51**, 51, 55
Vallehermoso **52**
Vueltas **52**

La Graciosa 94/95

Lanzarote
Arrecife **98**, **101**, 101
Charco de los Clicos **97**, 103
Costa Teguise 101
Cueva de los Verdes 102
El Golfo 103
Fundación César Manrique **99**, 102
Guatiza **95**, 95
Haría 102
Jameos del Agua **94**, 102
La Geria **12/13**, **96**, 95, 103
Mirador del Río **94**, **103**, 102
Monumento al Campesino 102
Parque Nacional de Timanfaya **96**, **102**, 102
Playa Blanca 103
Playas de Papagayo **98**, 103
Puerto Calero 101
Puerto del Carmen **99**, 101
Salinas de Janubio **97**, 97
Teguise 101
Tiagua 102
Yaiza **92/93**, **96**, 103

La Palma
Barranco de las Angustias 39, 46
Caldera de Taburiente **36/37**, 39, 46
Cueva Bonita 47
Cueva de Belmaco **40**, 45
El Paso 46
Fuencaliente 45
Las Manchas 46
Las Nieves **10/11**, 45
La Zarza 41, 47
Los Canarios 45
Los Cancajos 45
Los llanos de Aridane 46
Mazo 45
Mirador El Time 46
Parque Nacional de la Caldera
 de Taburiente **38/39**, 39, 46
Playa Zamora 45
Puerto de Tazacorte 47
Puerto Naos 46
Puntagorda 47
Ruta de los Volcánes 47
San Andrés 47
Santa Cruz **42/43**, 45
Tazacorte 47
Volcán de San Antonio **41**, 45
Volcán de Teneguía 45

Lobos 87

Teneriffa
Adeje 35
Barranco del Infierno 35
Barranco de Masca 34
Bosque de las Mercedes 32
Candelaria **24**, 31
Chinamada **33**, 32
El Médano 35
El Sauzal 32
Garachico **22**, 34
Güimar 31
Icod de los Vinos **18/19**, **27**, 34
La Laguna **22/23**, 31
La Orotava **22/23**, 33
Las Montañas de Anaga 32
Loro Parque **26**, 27
Los Abrigos 35
Los Cristianos **29**, 35
Los Gigantes 34
Masca **34**, 34
Paisaje Lunar **21**, **33**, 33
Parque Ecológico Las Aguilas del Teide 35
Parque Nacional del Teide **20/21**, 33
Playa de Jardín **18/19**, 32
Playa de la Arena **27**, 34
Playa de las Américas **28**, 34
Playa de las Teresitas **25**, 31
Playa del Médano **28**, 35
Pueblochico 33
Puerto de la Cruz **26**, 32
Puerto de Santiago 34
Punta de Teno 34
Siam Park 27, 35
San Andrés 31
Santa Cruz 31
Taganana 32
Teide **20/21**, 34
Teno-Gebirge 34
Vilaflor 35

IMPRESSUM

3. aktualisierte, ergänzte und neu gestaltete Auflage 2009
© HB Verlag, für den gesamten Inhalt, soweit nicht anders angegeben

Verlag: HB Verlag, Marco-Polo-Straße 1, 73760 Ostfildern, Postfach 3151, 73751 Ostfildern, Tel. 0711/4502-0, Fax 0711/4502-135, www.hb-verlag.de, info@bildatlas.de
Geschäftsführer: Dr. Thomas Brinkmann, Dr. Stephanie Mair-Huydts
Chefredaktion und Programmleitung: Rainer Eisenschmid, Birgit Borowski
Redaktion: SRT Redaktionsbüro, Wolfratshausen, Claudia Carstens
Text: Rolf Goetz, Stuttgart
Exklusiv-Fotografie: Hans Zaglitsch, Deventer, Niederlande
Titelbild: Bildagentur Huber/Ripani Massimo (Punta del Papagayo, Lanzarote),
Zusätzliches Bildmaterial: Bildagentur Huber/R. Schmid: S. 18/19, 70, 72 (o. l.); Bilderberg/Hans-Joachim Ellerbrock: S. 110; HB Verlag/Olaf Lumma: S. 92/93; HB Verlag/Martin Sasse: 69, 109; HB Verlag/Hartmut Schwarzbach und Mike Schröder: S. 4 (o. l.), S. 20 (u. r.), 24 (u.), 41 (o. l.); HB Verlag/Thomas Peter Widmann: S. 16/17, 80/81, 87 (l.); Ernst Wrba: 24 (o. l.), 41 (r.), 48/49, 52 (o. r.) 58 (u.), 64/65, 72 (o. r.), 74 (u.); Mauritius Images/age: S. 104, 108 (o.); Mauritius Images/Foodpix: S. 107; Mauritius Images/Food and Drink: S. 106 (u.), 108 (u.); Stockfood/Colin Cooke: S. 106 (o.)
Grafische Konzeption: fpm factor product münchen
Layout: Dagmar Rogge, dagmar.rogge@t-online.de
Kartografie: © MAIRDUMONT GmbH & Co. KG, Ostfildern
HB Bildatlas Fotoservice: HB Verlag, Marco-Polo-Straße 1, 73760 Ostfildern, Tel. 0711/4502-266, Fax 0711/4502-1006, a.nebel@mairdumont.com

Für die Richtigkeit der in diesem HB Bildatlas angegebenen Daten – Adressen, Öffnungszeiten, Telefonnummern usw. – kann der Verlag keine Garantie übernehmen. Nachdruck, auch auszugsweise, nur mit vorheriger Genehmigung des Verlages. Erscheinungsweise: monatlich.

Anzeigenvermarktung: MAIRDUMONT MEDIA, Tel. 0711/4502-333, Fax 0711/4502-1012, media@mairdumont.com, http://media.mairdumont.com
Vertrieb Zeitschriftenhandel: PARTNER Medienservices GmbH, Postfach 810420, 70521 Stuttgart, Tel. 0711/7252-227, Fax 0711/7252-310
Vertrieb Abonnement: Zenit Pressevertrieb GmbH, Postfach 810640, 70523 Stuttgart, Tel. 0711/7252-265, Fax 0711/7252-333, hbverlag@zenit-presse.de
Vertrieb Buchhandel und Einzelhefte: MAIRDUMONT GmbH & Co KG, Marco-Polo-Straße 1, 73760 Ostfildern, Tel. 0711/4502-0, Fax 0711/4502-340
Reproduktionen: Otterbach Medien KG GmbH & Co., Rastatt
Druck und buchbinderische Verarbeitung: Neef + Stumme GmbH & Co. KG, Wittingen
Printed in Germany

Überall im Pressefachhandel, Buchhandel und Bahnhofsbuchhandel erhältlich oder zu bestellen unter
Telefon 0711/4502-0, Fax 0711/4502-340

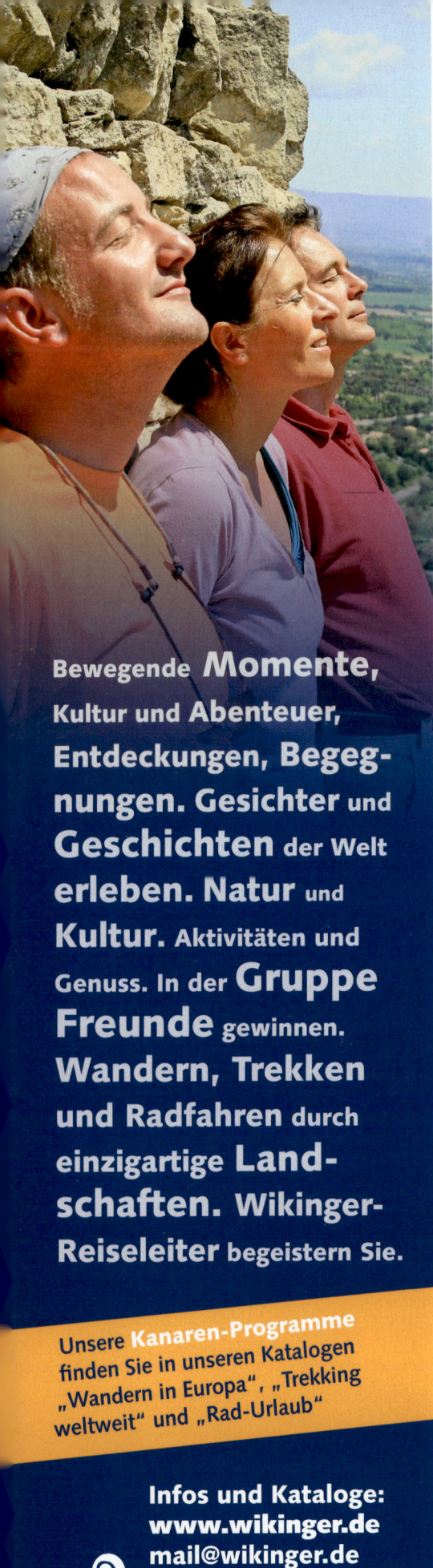

LIEFERBARE AUSGABEN

HB BILDATLAS

Deutschland

- 227 Allgäu
- 320 Altmühltal
- 316 Bayerischer Wald
- 325 Berlin
- 235 Berlin (englische Ausgabe)
- 289 Bodensee · Oberschwaben
- 298 Brandenburg
- 296 Chiemgau · Berchtesgadener Land
- 274 Dresden · Sächsische Schweiz
- 256 Eifel · Aachen
- 260 Elbe und Weser · Bremen
- 303 Erzgebirge · Vogtland · Chemnitz
- 242 Frankfurt · Taunus · Rheingau
- 269 Fränkische Schweiz
- 324 Freiburg · Basel · Colmar
- 253 Hamburg
- 263 Harz
- 234 Hunsrück · Naheland · Rheinhessen
- 233 Leipzig · Halle · Magdeburg
- 209 Lüneburger Heide
- 285 Mainfranken
- 307 Mecklenburgische Seen
- 240 Mecklenburg-Vorpommern
- 151 Mittelfranken
- 249 Mosel
- 321 München
- 255 Münsterland · Münster
- 281 Nordseeküste · Schleswig-Holstein
- 196 Oberbayern zwischen Lech und Inn
- 271 Odenwald · Bergstraße
- 219 Osnabrücker Land · Emsland · Oldenburger Münsterland · Grafschaft Bentheim
- 211 Ostfriesland · Oldenburger Land
- 290 Ostseeküste · Mecklenburg-Vorpommern
- 277 Ostseeküste · Schleswig-Holstein
- 215 Pfalz
- 194 Potsdam · Havelland
- 243 Rhein zwischen Köln und Mainz
- 288 Rhön
- 314 Rügen · Usedom · Hiddensee
- 300 Ruhrgebiet
- 258 Sachsen
- 286 Sachsen-Anhalt
- 268 Sauerland
- 200 Schwäbische Alb
- 266 Schwarzwald · Norden
- 214 Spreewald · Lausitz · Märkisch-Oderland
- 247 Südlicher Schwarzwald
- 224 Sylt · Amrum · Föhr
- 312 Teutoburger Wald
- 261 Thüringen
- 301 Thüringer Wald
- 202 Trier
- 237 Weserbergland

Benelux

- 246 Amsterdam
- 275 Niederlande

Frankreich

- 160 Atlantikküste
- 278 Bretagne
- 225 Côte d'Azur
- 222 Elsass
- 324 Freiburg · Basel · Colmar
- 221 Korsika
- 295 Normandie
- 229 Paris
- 315 Provence
- 184 Südfrankreich · Languedoc-Roussillon

Griechenland

- 193 Athen · Peloponnes
- 189 Korfu · Ionische Inseln
- 228 Kreta
- 310 Zypern

Grossbritannien · Irland

- 294 Irland
- 175 London
- 231 Nordengland
- 304 Schottland
- 241 Südengland

Italien · Malta · Kroatien

- 195 Adriaküste · Emilia Romagna
- 239 Gardasee · Trentino
- 309 Golf von Neapel · Kampanien
- 265 Italienische Riviera
- 282 Italien · Norden
- 238 Kroatische Adriaküste
- 254 Malta
- 210 Mittelitalien
- 270 Oberitalienische Seen · Mailand
- 230 Piemont · Aostatal
- 226 Rom
- 264 Sardinien
- 232 Sizilien
- 201 Süditalien: Apulien · Basilikata
- 207 Südtirol
- 267 Toskana
- 313 Venedig · Venetien

Mittel- und Osteuropa

- 292 Baltikum
- 280 Bulgarien
- 283 Danzig · Ostsee · Masuren
- 248 Prag
- 291 St. Petersburg
- 244 Südpolen · Breslau · Krakau
- 306 Tschechien
- 297 Ungarn

Österreich

- 293 Kärnten
- 199 Niederösterreich · Wachau
- 218 Oberösterreich
- 220 Salzburger Land · Salzkammergut · Salzburg
- 319 Tirol
- 206 Wien

Schweiz

- 324 Freiburg · Basel · Colmar
- 305 Schweiz
- 302 Tessin

Spanien · Portugal

- 236 Algarve · Lissabon
- 223 Andalusien
- 287 Barcelona
- 150 Costa Blanca
- 262 Costa Brava
- 176 Gran Canaria · Fuerteventura · Lanzarote
- 213 Ibiza · Formentera · Menorca
- 259 Kanarische Inseln
- 245 Lanzarote
- 318 Mallorca
- 203 Nordportugal
- 205 Nordspanien · Atlantikküste · Jakobsweg · Galicien
- 323 Teneriffa · La Palma · La Gomera · El Hierro

Skandinavien

- 183 Bornholm
- 279 Dänemark
- 317 Norwegen · Norden
- 276 Norwegen · Süden
- 250 Südschweden · Stockholm

Türkei

- 252 Türkische Mittelmeerküste

Außereuropäische Ziele

- 273 Australien Osten · Sydney
- 322 Australien Westen · Tasmanien
- 284 China
- 311 Kalifornien
- 251 Kanadas Westen
- 299 Neuseeland
- 272 New York
- 257 Südafrika

Länderübergreifende Bände

- 308 Donau
- 324 Freiburg · Basel · Colmar

HB BILDATLAS SPECIAL

Afrika · Naher Osten

- 67 Ägypten
- 64 Arabien: V. A. Emirate · Oman · Kuwait · Qatar · Bahrain
- 61 Namibia
- 71 Tunesien · Libyen

Europa

- 54 Madeira · Azoren · Kapverden

Süd- und Südostasien · Ferner Osten

- 10 Hongkong
- 53 Indien: Rajasthan · Delhi · Agra
- 69 Philippinen
- 70 Thailand

Süd- und Mittelamerika · Karibik

- 57 Chile
- 55 Dominikanische Republik · Haiti
- 60 Jamaika
- 65 Kleine Antillen: Antigua Guadeloupe · Martinique · Barbados u. a.
- 73 Mexiko

USA · Kanada

- 58 Alaska
- 62 Florida
- 68 Las Vegas · Grand Canyon
- 56 Nordwesten: Washington · Oregon
- 59 Texas

Bewegende **Momente**, Kultur und **Abenteuer**, Entdeckungen, Begegnungen. **Gesichter** und **Geschichten** der Welt erleben. **Natur** und **Kultur**. Aktivitäten und **Genuss**. In der **Gruppe Freunde** gewinnen. Wandern, Trekken und Radfahren durch einzigartige **Landschaften**. Wikinger-Reiseleiter begeistern Sie.

Unsere Kanaren-Programme finden Sie in unseren Katalogen „Wandern in Europa", „Trekking weltweit" und „Rad-Urlaub"

Infos und Kataloge:
www.wikinger.de
mail@wikinger.de
0 23 31 - 90 46

WIKINGER REISEN
Urlaub, der bewegt.